Von Eiltopf bis Schnellfisch

30 Minuten Rezepte

Schnell kochen – lecker essen

Bassermann

Die Abkürzungen in diesem Buch

kcal	Kilokalorien
kg	Kilogramm (1 kg = 1000 g)
g	Gramm (1 g = 0,001 kg)
Msp.	Messerspitze (Menge auf der Spitze eines Besteckmessers)
EL	gestrichener Esslöffel
TL	gestrichener Teelöffel
°C	Grad Celsius
l	Liter (1 l = 100 cl = 1000 ml)
dl	Deziliter (1 dl = 0,1 l, »dezi« = lateinisch decimus = zehnter)
cl	Zentiliter (1 cl = 0,01 l, »zenti« = lateinisch centesimus = hundertster)
ml	Milliliter (1 ml = 0,001 l, »milli« = lateinisch millesimus = tausendster)
cm	Zentimeter (1 cm = 0,01 m)
m	Meter (1 m = 100 cm)
ca.	zirka
à	zu je
z. B.	zum Beispiel
TK-	Tiefkühl-
Fett i. Tr.	Fett in Trockenmasse (Angabe des Fettgehalts bei Käse und Quark. Da bei Reife und Lagerung ständig Wasser verdunstet, ist eine absolute Prozentangabe des Fettgehaltes nicht möglich. Der absolute Fettgehalt bei einem Quark mit 20 % Fett i. Tr. beträgt ungefähr 6 %)

Zu den Energie- und Nährwertangaben

Zu jedem Rezept finden Sie die Angaben über die Personenzahl, die Zubereitungszeit, die sich zusammensetzt aus der Arbeitszeit, und der Koch- und Backzeit sowie die Energie- und Nährwerte pro Portion. Da Lebensmittel Naturprodukte sind, können diese Werte nur eine Annäherung sein, denn die Inhaltsstoffe variieren.

Die Richtwerte für die tägliche Energieaufnahme

- Kinder (je nach Alter) zwischen 1000 und 2000 kcal
- Jugendliche circa 2500 kcal (Mädchen) bzw. 3000 kcal (Jungen)
- Erwachsene mit geringer körperlicher Aktivität 2000 kcal bei Frauen bzw. 2500 kcal bei Männern
- Mit steigendem Alter sinkt der Energiebedarf

Die Richtwerte für die tägliche Nährwertaufnahme
Eiweiß
- Kinder und Jugendliche: 0,9 g Eiweiß (Protein) pro Kilogramm Körpergewicht, das entspricht ca. 13–60 g Protein
- Erwachsene: 0,8 g Protein pro Kilogramm Körpergewicht, das entspricht bei Frauen ca. 48 g, bei Männern ca. 59 g Protein

Fett
Die Richtwerte für die Fettzufuhr werden in Abhängigkeit der gesamten Energiezufuhr angegeben (Energieprozent).
- Kinder und Jugendliche haben wegen ihres Wachstums einen gesteigerten Energiebedarf, ihr Richtwert ist daher gegenüber den Erwachsenen etwas höher, er liegt (je nach Alter) zwischen 35 und 40 Energieprozent
- für Erwachsene beträgt der Richtwert 30 % der Energie. Umgerechnet bedeutet dies für Frauen eine tägliche Aufnahme von ca. 60 g Fett (bei einem zugrunde gelegten Energiebedarf von 2.000 kcal), für Männer ca. 80 g Fett (bei 2500 kcal).

Kohlenhydrate
Auch die Richtwerte zur Kohlenhydratzufuhr werden als Energieprozent (% der gesamten Energiezufuhr) angegeben. Sie ergeben sich aus dem täglichen Proteinbedarf und den Richtwerten zur Fettzufuhr.
- Kinder sollten höchsten die Hälfte der Energie in Form von Kohlenhydraten aufnehmen
- Für Erwachsenen ergibt sich der Richtwert für Kohlenhydrate mit über 50 Energieprozent. Für Frauen mit einem Energiebedarf von 2000 kcal bedeutet dies eine Aufnahme von mehr als 240 g Kohlenhydrate pro Tag. Männer mit einem Energiebedarf von 2500 kcal sollten mindestens 300 g Kohlenhydrate aufnehmen.

Inhalt

Schnelles mit Ei

Für 4 Personen

Zubereitungszeit: 15 Minuten

Pro Portion: 360 kcal, 20 g Eiweiß, 25 g Fett, 15 g Kohlenhydrate

Kräuterrührei mit Käse

8 Eier

Salz

schwarzer Pfeffer
aus der Mühle

2 EL gemischte TK-Kräuter

40 g frisch geriebener Hartkäse,
z. B. mittelalter Gouda

2 TL scharfer Senf

4 EL Butter

4 Scheiben getoastetes
Bauernbrot

evtl. 2–4 Tomaten,
geachtelt

1 Eier, Salz und Pfeffer in einer Schüssel mit einem Schnee-besen leicht schlagen, bis sich ein leichter Schaum ge-bildet hat. Die Kräuter mit Käse und Senf zu einer Paste vermischen.

2 In einer beschichteten Pfanne 1 EL Butter erwärmen und die Eimasse in die Pfanne geben. Mit einem Holzlöffel rüh-ren, bis die Eimasse zu stocken beginnt. Nach und nach die restliche Butter hinzufügen.

3 Das Rührei weiterrühren, bis es eine cremige Konsistenz hat. Die Kräuterpaste mit dem fertigen Rührei vermischen und dieses auf dem Bauernbrot anrichten. Nach Belieben mit Tomatenachteln garnieren.

Getränkeempfehlung: Bananendickmilch. $1/2$ Banane mit ein wenig Zitronensaft und 150 g Dickmilch oder Naturjoghurt pürieren

Für 4 Personen

Zubereitungszeit: 25 Minuten

Pro Portion: 385 kcal, 16 g Eiweiß, 32 g Fett, 1 g Kohlenhydrate

Austernpilzrührei

200 g geräucherter durchwachsener **Speck** in Scheiben

3 Frühlingszwiebeln,
in feine Ringe geschnitten

1 EL Öl

500 g Austernpilze, in feine
Streifen geschnitten

6 Eier

5 EL Sahne

Salz

schwarzer Pfeffer aus der Mühle

evtl. Schnittlauch,
fein geschnitten

1 Den Speck von der Schwarte befreien und in schmale Streifen schneiden.

2 Die Frühlingszwiebeln putzen, waschen und in feine Ringe schneiden.

3 Das Öl in einer großen, beschichteten Pfanne erhitzen. Die Speckstreifen bei schwacher Hitze darin ausbraten, anschließend die Frühlingszwiebeln untermischen.

4 Die Austernpilze putzen und in schmale Streifen schneiden. In die Pfanne geben und so lange dünsten, bis fast alle Flüssigkeit verkocht ist.

5 Die Eier mit der Sahne gut verquirlen, kräftig salzen und pfeffern und über die Austernpilze gießen. Bei schwacher Hitze langsam stocken lassen, dabei immer wieder umrühren. Nach Geschmack mit Schnittlauchringen bestreuen.

Beilage: Bauernbrot

Getränkeempfehlung: Bier, am besten schmeckt Weißbier

Für 4 Personen

Zubereitungszeit: 30 Minuten

Pro Portion: 305 kcal, 26 g Eiweiß, 18 g Fett, 10 g Kohlenhydrate

Überbackene Zucchini mit Sesam

750 g Zucchini, in dünne Scheiben geschnitten

Salz

500 g Speisequark (20 % Fett i. Tr.)

3 Eier

4 EL gerösteter Sesam

3 Knoblauchzehen

schwarzer Pfeffer aus der Mühle

frisch geriebene **Muskatnuss**

Fett für die Form

1 Die Zucchini waschen, vom Stengelansatz befreien und auf dem Gurkenhobel in feine Scheiben schneiden. In kochendem Salzwasser 1–2 Minuten blanchieren, eiskalt abschrecken und sehr gut abtropfen lassen.

2 Den Backofen auf 220°C (Umluft 200°C, Gas Stufe 3–4) vorheizen.

3 Den Speisequark mit den Eiern und dem Sesam gut verrühren. Den Knoblauch schälen und dazudrücken. Mit Salz, Pfeffer und Muskat kräftig würzen. Die Zucchinischeiben zufügen und alles mischen.

4 Eine Auflaufform einfetten, die Mischung hineinfüllen und die Oberfläche glatt streichen. Den Auflauf auf der mittleren Schiene des Backofens 20–25 Minuten backen.

Beilage: Naturreis oder Kartoffeln

Getränkeempfehlung: Bier

Zucchini auf einem Gurkenhobel in dünne Scheiben schneiden

Den Speisequark mit Eiern und geröstetem Sesam gut verrühren

Zucchinischeiben unter die Quarkmischung heben

Für 4 Personen

Zubereitungszeit: 20 Minuten

Pro Portion: 210 kcal, 12 g Eiweiß, 17 g Fett, 4 g Kohlenhydrate

Tatar von gekochten Eiern

6 **Eier,** hart gekocht und abgekühlt

1 mittelgroße **Zwiebel,**
fein gehackt

5 **Cornichons,** fein gehackt

1 mittelgroße **rote Paprika,**
in Würfel geschnitten

4 EL **Mayonnaise** (aus dem Glas)

3 TL **scharfer Senf**

Salz

weißer Pfeffer aus der Mühle

1 Msp. **Cayennepfeffer**

2 **Knoblauchzehen**

1 Handvoll **Kerbel**

1 Die Eier in 10 Minuten hart kochen, kalt abschrecken, pellen und auskühlen lassen.

2 Die Zwiebel schälen, fein hacken und in eine Schüssel geben. Die Cornichons fein hacken und zufügen. Die Paprikaschote waschen, vom Kernhaus befreien und erst in Streifen, dann in kleine Würfel schneiden, dazugeben.

3 Die Eier mit dem Eierschneider in kleine Würfel schneiden, in die Schüssel zu den übrigen Zutaten geben.

4 Die Mayonnaise und den Senf verrühren. Mit Salz, Pfeffer und Cayennepfeffer würzen. Den Knoblauch schälen und dazupressen. Die Mayonnaise und das Ei-Tatar mischen.

5 Den Kerbel abbrausen, von den Stielen befreien, fein hacken und unter das Tatar heben.

Beilage: frisches Bauernbrot oder Pellkartoffeln

Getränkeempfehlung: Bier

Für 4 Personen

Zubereitungszeit: 25 Minuten

Pro Portion: 280 kcal, 39 g Eiweiß, 13 g Fett, 3 g Kohlenhydrate

Hackfleischpfanne mit Eiern

1 mittelgroße **Zwiebel,** in Würfel geschnitten

2 EL Olivenöl

2 Knoblauchzehen

600 g gemischtes **Hackfleisch**

3 EL Tomatenmark

150 g griechischer **Schafskäse**

1 TL Oregano, frisch oder getrocknet

Salz

schwarzer Pfeffer aus der Mühle

1 Msp. Cayennepfeffer

4 Eier

1 Die Zwiebel schälen und in kleine Würfel schneiden. Das Öl in einer großen Pfanne erhitzen und die Zwiebelwürfel darin glasig dünsten. Die Knoblauchzehen schälen und dazupressen.

2 Das Hackfleisch untermischen und unter Rühren krümelig braten.

3 Das Tomatenmark dazugeben. Den Schafskäse über der Pfanne zerbröckeln. Alles mischen und mit Oregano, Salz, Pfeffer und Cayennepfeffer würzen.

4 Die Oberfläche des Hackfleischs glatt streichen und mit einem Löffel 4 Mulden eindrücken. In jede Mulde ein aufgeschlagenes Ei gleiten lassen.

5 Die Pfanne mit einem Deckel verschließen und die Eier bei milder Hitze in ca. 6 Minuten stocken lassen.

Beilage: Sesamfladenbrot und Gurkensalat mit Knoblauch

Getränkeempfehlung: Retsina oder trockener griechischer Weißwein, z. B. Demestica

Hackfleisch unter die Zwiebeln und den Knoblauch mischen und krümelig braten.

Schafskäse über der Pfanne zerbröckeln. mischen und mit den Gewürzen abschmecken.

In die glatt gestrichene Oberfläche des Hackfleischs mit einem Löffel 4 Mulden drücken.

Je 1 Ei in die Mulden gleiten lassen und die Eier zugedeckt stocken lassen.

Für 4 Personen

Zubereitungszeit: 25 Minuten

Pro Portion: 385 kcal, 21 g Eiweiß, 29 g Fett, 6 g Kohlenhydrate

Champignon-Eier-Ragout

8 Eier, hart gekocht

1 mittelgroße **Zwiebel,**
in Würfel geschnitten

1 EL Butter

750 g Champignons,
in Scheiben geschnitten

¹⁄₈ l (125 ml) trockener **Weißwein**

¹⁄₂ l (500 ml) Gemüsebrühe
(aus Extrakt)

2 TL heller Soßenbinder

1 Becher Knoblauch-Crème-fraîche

Salz

weißer Pfeffer aus der Mühle

1 Msp. Cayennepfeffer

Zitronensaft

1 Bund Schnittlauch,
klein geschnitten

1 Die Eier in 10 Minuten hart kochen und kalt abschrecken.

2 Die Zwiebel schälen und in kleine Würfel schneiden. Die Butter in einem breiten Topf erhitzen, die Zwiebelwürfel darin andünsten.

3 Die Champignons putzen und mit dem Eierschneider in Scheiben schneiden. In die Zwiebelpfanne geben und 8 Minuten dünsten.

4 Mit dem Weißwein ablöschen und die Flüssigkeit fast einkochen lassen.

5 Die Gemüsebrühe dazugießen, aufkochen, den Soßenbinder und die Knoblauch-Crème-fraîche einrühren. Das Ragout mit Salz, Pfeffer, Cayennepfeffer und Zitronensaft abschmecken.

6 Die Eier pellen und 5 Minuten in dem Ragout erhitzen.

7 Den Schnittlauch abbrausen, klein schneiden und einstreuen.

Beilage: Reis oder Feldsalat oder gedünsteter Broccoli

Getränkeempfehlung: Rosé aus der Provence oder aus Rioja

Für 4 Personen

Zubereitungszeit: 30 Minuten

Pro Portion: 175 kcal, 15 g Eiweiß, 13 g Fett, 1 g Kohlenhydrate

Überbackene Spiegeleier

4 Eier

Salz

1 Bund Schnittlauch, fein geschnitten

3 gewässerte **Sardellen,** gehackt

3 Eier, getrennt

1 TL Kapern

1 EL Petersilie, fein gehackt

schwarzer Pfeffer aus der Mühle

frisch geriebene **Muskatnuss**

Butter für die Form

1 Eine flache Auflaufform dick mit Butter einfetten. Den Backofen auf 200 °C (Umluft 180 °C, Gas Stufe 3) vorheizen.

2 Die Eier nebeneinander in die Form schlagen, mit Salz und dem Schnittlauch bestreuen.

3 Die Sardellen hacken und mit den Eigelben, Kapern und Petersilie gründlich verrühren. Mit Salz, Pfeffer und Muskat abschmecken.

4 Die Eiweiße steif schlagen, unter die Eigelbe ziehen und die Masse über die Eier in der Form gießen.

5 Auf der mittleren Schiene im Backofen etwa 15 Minuten goldgelb backen.

Beilage: Roggenbrötchen und bunt gemischter Blattsalat

Appetitlich sieht diese Eierspeise auch aus, wenn sie portionsweise in kleinen, feuerfesten Eierpfännchen zubereitet wird. Zusätzlich kann man noch etwas fein geschnittenen Schinken unter die Eimasse geben.

Für 4 Personen

Zubereitungszeit: 25 Minuten

Pro Portion: 390 kcal, 21g Eiweiß, 31 g Fett, 2 g Kohlenhydrate

Omelett mit Geflügelleber

8 Eier

Salz

schwarzer Pfeffer aus der Mühle

4 Estragonblätter,
fein geschnitten

6 Geflügellebern

6 EL Butter

2 Schalotten,
in Würfel geschnitten

0,1 l (100 ml) Rotwein

4 EL Crème fraîche

1 Eier, Salz und Pfeffer so lange mit einer Gabel verquirlen, bis die Eigelbe und Eiweiße vollständig miteinander vermischt sind. Die Estragonblätter mit einer Schere klein schneiden und zu der Eimasse geben.

2 Die Geflügellebern von Fett und Sehnen befreien und jede Leber in 6 Stückchen schneiden.

3 Von der Butter 2 EL in einer Pfanne erhitzen und die Leber darin von allen Seiten schnell anbraten, sie soll innen noch leicht rosa sein. Mit Salz und Pfeffer würzen. Aus der Pfanne nehmen und warm stellen.

4 Die geschälten Schalotten in feine Würfel schneiden. 2 EL Butter in der Pfanne erhitzen und die Schalottenwürfel darin glasig braten. Den Rotwein hinzufügen und auf die Hälfte einkochen lassen. Die Crème fraîche zu den Schalotten geben und weiterkochen, bis die Sauce eine cremige Konsistenz hat.

5 Die restliche Butter in einer zweiten kleinen Pfanne erhitzen und darin nacheinander 4 kleine Omeletts backen. Auf eine vorgewärmte Platte geben. Die Leberstückchen kurz in der Rotweinsauce erwärmen, auf die Mitte jedes Omeletts die Hälfte der Füllung geben und dieses darüber zusammenfalten. Die Omeletts auf vorgewärmten Tellern anrichten.

Beilage: Feldsalat

tipp

Die Omeletts eignen sich als Vorspeise für 4 Personen, für 2 Personen sind sie eine sättigende Hauptmahlzeit.

Für 2 Personen

Zubereitungszeit: 25 Minuten

Pro Portion: 355 kcal, 24 g Eiweiß, 25 g Fett, 4 g Kohlenhydrate

Lachsomelett

200 g frisches **Lachsfilet,** püriert

3 Eigelbe

1 EL Mehl

abgeriebene Schale von ½ unbehandelten **Zitrone**

1 EL Dill, gehackt

1 EL Noilly Prat (trockener französischer Wermut)

Salz

weißer Pfeffer aus der Mühle

3 Eiweiß

20 g Butter

1 Das Lachsfilet waschen, trocken tupfen und in der Küchenmaschine fein pürieren.

2 Das Fischpüree in eine Schüssel geben und mit Eigelben und Mehl vermischen. Zitronenschale, Dill und Wermut hinzufügen und mit Salz und Pfeffer würzen.

3 Die Eiweiße zu steifem Schnee schlagen und locker unter die Lachsmasse ziehen.

4 Die Hälfte der Butter in einer beschichteten Pfanne erhitzen und die Hälfte der Fischmasse hinein geben. Von einer Seite bei mittlerer Hitze goldgelb braten, dann mit Hilfe eines Deckels vorsichtig wenden und auch die zweite Seite braten. Das zweite Omelett auf die gleiche Weise zubereiten oder parallel mit zwei Pfannen arbeiten.

Beilage: Baguette oder neue Kartoffeln mit Eisbergsalat oder jungem Gemüse

Verwenden Sie für das Lachsomelett möglichst frischen Dill; er ist aromatischer als tiefgekühlter.

Aus dem Backofen

Für 4 Personen

Zubereitungszeit: 30 Minuten

Pro Portion: 515 kcal, 12 g Eiweiß, 41 g Fett, 20 g Kohlenhydrate

Chinesische Gemüsetorte

200 g tiefgekühlter **Blätterteig,** aufgetaut

300 g tiefgekühltes **China-Gemüse**

3 Eier

200 g Sahne

2 cl Reiswein oder trockener Sherry (Fino)

1 EL Sojasauce

1 Knoblauchzehe, gehackt

1 Msp. gemahlener **Ingwer**

$^{1}/_{2}$ TL Curry

Salz

schwarzer Pfeffer aus der Mühle

2 EL Sesamsamen zum Bestreuen

1 Die Blätterteigplatten auftauen lassen.

2 Den Backofen auf 200 °C (Umluft 180 °C, Gas Stufe 3) vorheizen.

3 Die Teigplatten mit etwas Wasser bepinseln, übereinanderlegen und zu einer runden Platte mit einem Durchmesser von 24 cm ausrollen. Boden und Rand einer mit kaltem Wasser ausgespülten Pieform von 20 cm Durchmesser auskleiden.

4 Das tiefgekühlte Gemüse gleichmäßig auf dem Teig verteilen.

5 Eier verquirlen und Sahne, Reiswein oder Sherry und Sojasauce dazugießen. Mit Knoblauch, Ingwer, Curry, Salz und Pfeffer abschmecken, den Eierguss über das Gemüse verteilen und mit Sesam bestreuen.

6 Die Gemüsetorte in 20 Minuten bei 180 °C (Umluft 160 °C, Gas Stufe 2) auf der mittleren Schiene backen. Vor dem Anschneiden 5–10 Minuten ruhen lassen.

Getränkeempfehlung: trockener Sherry (Fino)

tipp

Das Gemüse taut auf und gart, während der Teig backt. Mit einem Glas Sherry bildet diese Torte eine Vorspeise für 6–8 Personen.

Für 4 Personen

Zubereitungszeit: 30 Minuten

Pro Portion: 460 kcal, 19 g Eiweiß, 39 g Fett, 9 g Kohlenhydrate

Gratinierter Sahneporree

800 g Porree, in Stücke geschnitten

Salz

1 EL Butter

weißer Pfeffer aus der Mühle

frisch geriebene **Muskatnuss**

250 g Sahnequark

200 g Sahne

6 EL Gouda, frisch gerieben

3 EL Sonnenblumenkerne

1 Porree putzen, an den Enden abschneiden. Die Stangen längs aufschlitzen und unter fließendem kaltem Wasser gründlich ausspülen.

2 Den Backofen auf 250°C (Umluft 230°C, Gas Stufe 4) vorheizen.

3 Die Porreestangen schräg in 1 cm lange Stücke schneiden. Diese in kochendem Salzwasser 3 Minuten blanchieren, kalt abschrecken und in einem Sieb sehr gut abtropfen lassen.

4 Eine Auflaufform mit Butter ausstreichen. Das Gemüse gleichmäßig hineinfüllen und mit Salz, Pfeffer und Muskat würzen.

5 Den Sahnequark in einer Schüssel mit der Sahne, dem geriebenen Käse und den Sonnenblumenkernen gründlich verrühren. Mit Salz, Pfeffer und Muskat würzen und auf dem Gemüse verteilen. Auf der mittleren Schiene des Backofens in 15 Minuten goldbraun überbacken.

Beilage: Kartoffelpüree mit viel Schnittlauch

Getränkeempfehlung: Weißweinschorle

Für 4 Personen

Zubereitungszeit: 30 Minuten

Pro Portion: 630 kcal, 41 g Eiweiß, 3 g Fett, 66 g Kohlenhydrate

Orientalischer Reisauflauf

¹/₂ l (500 ml) Hühnerbrühe
(aus Extrakt)

250 g Kurzzeitreis

500 g Putenschnitzel,
in feine Streifen geschnitten

2 EL Butter

120 g mittelalter Gouda,
frisch gerieben

4 EL Rosinen

3 EL Mandeln, grob gehackt

Salz

2 EL Curry

1 Prise Kreuzkümmel

schwarzer Pfeffer aus der Mühle

1 kleine Dose Tomaten (400 g)

1 Die Brühe aufkochen und den Kurzzeitreis darin 5 Minuten garen.

2 Die Putenschnitzel in sehr schmale Streifen schneiden. 1 EL Butter in einer Pfanne erhitzen und die Fleischstreifen darin portionsweise anbraten.

3 Den Kurzzeitreis mit dem Fleisch, der Hälfte des Käses, den Rosinen und den gehackten Mandeln mischen. Mit Salz, Curry, Kreuzkümmel und Pfeffer würzen.

4 Den Backofen auf 220°C (Umluft 200°C, Gas Stufe 4) vorheizen.

5 Die Tomaten in einem Sieb abtropfen lassen, grob zerkleinern und dann die Tomaten unter die Reismischung heben.

6 Eine Auflaufform mit der restlichen Butter einfetten. Die Reismasse hineinfüllen und mit dem restlichen Käse bestreuen.

7 Den Auflauf auf der mittleren Schiene des Backofens 15–20 Minuten überbacken, bis der Käse geschmolzen und goldbraun ist.

Beilage: Gurkensalat mit einer Joghurtsauce aus 2 EL Öl, 200 g Naturjoghurt, 3 EL Zitronensaft oder milder Essig, Dill, Salz und Pfeffer

Getränkeempfehlung: gut gekühlter Apfelmost

Tortellinigratin mit Gemüse

500 g Tortellini (Fertigprodukt)

Salz

400 g Zucchini, geraspelt

3 EL Butter

2 Knoblauchzehen

3 Eier

1/8 l (125 ml) Milch

100 g Parmesan, frisch gerieben

schwarzer Pfeffer aus der Mühle

frisch geriebene **Muskatnuss**

1 Die Tortellini in kochendem Salzwasser nach Packungs-anleitung garen. In ein Sieb schütten und gut abtropfen lassen.

2 Inzwischen die Zucchini waschen, vom Stengelansatz befreien und auf der Gemüsereibe oder in der Küchen-maschine mittelfein raspeln.

3 Den Backofen auf 220°C (Umluft 200°C, Gas Stufe 4) vor-heizen.

4 In einer Pfanne 2 EL Butter erhitzen und die Zucchiniraspel darin 5 Minuten bei starker Hitze dünsten. Den Knoblauch schälen, dazudrücken und das Gemüse salzen.

5 Eine Auflaufform mit der restlichen Butter einfetten. Die Zucchiniraspel auf dem Boden verteilen und die Tortellini darauf geben.

6 Die Eier mit der Milch verquirlen, den Parmesan unter-mischen und mit Salz, Pfeffer und Muskat würzen. Diese Mischung gleichmäßig über das Gratin gießen.

7 Auf der mittleren Schiene des Backofens 15 Minuten grati-nieren, bis die Oberfläche goldbraun geworden ist.

Beilage: gemischter Blattsalat

Getränkeempfehlung: italienischer Rotwein

Für 4 Personen

Zubereitungszeit: 30 Minuten

Pro Portion 725 kcal, 38 g Eiweiß, 26 g Fett, 85 g Kohlenhydrate

Spätzle-Lauch-Auflauf

500 g Spätzle (Fertigprodukt)

Salz

2 Stangen Porree (Lauch, ca. 200 g), in feine Ringe geschnitten

schwarzer Pfeffer aus der Mühle

2 EL Butter

200 g dickere Scheiben **gekochter Schinken,** in Streifen geschnitten

150 g Emmentaler, frisch gerieben

1 Die Spätzle in kochendem Salzwasser nach Packungsangabe garen. In einem Sieb abtropfen lassen.

2 Inzwischen die Porreestangen putzen, längs aufschlitzen, waschen und in feine Ringe schneiden.

3 In einer Pfanne 1 EL Butter erhitzen und die Porreeringe darin 3 Minuten dünsten. Salzen und pfeffern.

4 Den Schinken vom Fettrand befreien und in schmale Streifen schneiden. Zu dem Porree geben und unterrühren.

5 Den Backofen auf 200°C (Umluft 180°C, Gas Stufe 3) vorheizen.

6 Eine Auflaufform mit der restlichen Butter einfetten. Die Spätzle abwechselnd mit der Porree-Schinken-Mischung einfüllen und jede Schicht mit Käse bestreuen. Die oberste Schicht soll aus viel Käse bestehen.

7 Den Auflauf auf der mittleren Schiene des Backofens 15 Minuten überbacken.

Beilage: Feld- oder Kopfsalat mit Joghurtdressing

Getränkeempfehlung: Bier oder trockener Weißwein aus Franken

Für 4 Personen

Zubereitungszeit: 30 Minuten

Pro Portion: 360 kcal, 26 g Eiweiß, 26 g Fett, 3 g Kohlenhydrate

Spinatgratin
mit Mozzarella

750 g tiefgekühlter **Blattspinat,** aufgetaut

1 mittelgroße **Zwiebel,** fein gehackt

2 EL Butter

Salz

schwarzer Pfeffer aus der Mühle

frisch geriebene **Muskatnuss**

4 Eier

2 Kugeln Mozzarella (à 150 g)

1 Den Spinat etwas ausdrücken und mit den Zwiebelwürfeln in einem EL Butter 10 Minuten dünsten. Mit Salz, Pfeffer und Muskat würzen. Etwas abkühlen lassen.

2 Die Eier verquirlen und unter den lauwarmen Spinat mischen.

3 Den Backofen auf 200 °C (Umluft 180 °C, Gas Stufe 3) vorheizen.

4 Eine Auflaufform mit der restlichen Butter einfetten. Die Spinat-Eier-Mischung hineinfüllen.

5 Den Mozzarella in Scheiben schneiden und dachziegelartig auf den Spinat legen, pfeffern und salzen.

6 Im Backofen auf der mittleren Schiene 20 Minuten überbacken, bis der Käse geschmolzen ist und die Eier gestockt sind. Gleich heiß aus dem Ofen servieren.

Beilage: Kartoffelpüree

Getränkeempfehlung: trockener Weißwein, z. B. aus Franken

Sie können zusätzlich ca. 250 g in Streifen geschnittene Mortadella unter den Spinat mischen.

Für 4 Personen

Zubereitungszeit: 30 Minuten

Pro Portion: 800 kcal, 44 g Eiweiß, 63 g Fett, 15 g Kohlenhydrate

Paprika-Mett-Auflauf

800 g rote und grüne **Paprika-schoten**, in Streifen geschnitten

1 große **Zwiebel,**
in Ringe geschnitten

2 EL **Öl**

500 g **Schweinemett**

6 EL **Semmelbrösel**

4 EL **Crème double**

Salz

schwarzer Pfeffer aus der Mühle

1 TL **Paprika,** edelsüß

1 Prise **Cayennepfeffer**

250 g **Raclettekäse,**
in Würfel geschnitten

evtl. **Petersilie,** fein geschnitten

1 Die Paprikaschoten vom Kernhaus befreien, waschen und in schmale Streifen schneiden. Die Zwiebel schälen und in Ringe schneiden.

2 Das Öl in einer großen Pfanne erhitzen. Die Paprikascheiben und Zwiebelringe darin andünsten. Mit $1/4$ l (250 ml) Wasser aufgießen und 8 Minuten schmoren lassen.

3 Mett mit den Semmelbröseln und der Crème double in einer Schüssel vermischen, mit Salz und Pfeffer würzen.

4 Den Backofen auf 225 °C (Umluft 205 °C, Gas Stufe 4) vorheizen.

5 Die Paprika-Zwiebel-Mischung mit Salz, Pfeffer, Paprikapulver und Cayennepfeffer würzen und in eine Auflaufform füllen.

6 Das Mett darauf verteilen.

7 Den Raclettekäse entrinden, in Würfel schneiden und darüber streuen. Den Auflauf auf der mittleren Schiene des Backofens 20 Minuten überbacken. Auf Wunsch mit Petersilie bestreut servieren.

Beilage: Bauernbrot und Blattsalat

Getränkeempfehlung: trockener Rotwein aus Ungarn

Für 4 Personen

Zubereitungszeit: 30 Minuten

Pro Portion: 525 kcal, 21 g Eiweiß, 41 g Fett, 14 g Kohlenhydrate

Fenchelgratin mit zweierlei Käse

1 kg Fenchel, in Scheiben geschnitten

Salz

Fett für die Form

2 cl Anisschnaps (z. B. Pernod)

200 g Crème fraîche

100 g mittelalter Gouda, frisch gerieben

150 g Roquefort

schwarzer Pfeffer aus der Mühle

1 Den Fenchel vom Grün befreien, waschen, längs in schmale Scheiben schneiden. Die Fenchelscheiben in kochendem Salzwasser 3–4 Minuten knackig garen. In einem Sieb gut abtropfen lassen.

2 Den Backofen auf 200°C (Umluft 180°C, Gas Stufe 3) vorheizen.

3 Eine Auflaufform einfetten und die Fenchelscheiben hineinlegen. Mit dem Anisschnaps gleichmäßig beträufeln.

4 Die Crème fraîche mit dem geriebenen Gouda mischen. Den Roquefort dazubröckeln und unterrühren. Mit Pfeffer würzen.

5 Die Käsemischung gleichmäßig auf dem Fenchel verteilen. Auf der mittleren Schiene des Backofens in 15 Minuten goldgelb überbacken. Nach Belieben mit Fenchelgrün bestreuen.

Beilage: Baguette

Getränkeempfehlung: Pils

Üppiger wird das Gratin, wenn Sie gebratene Streifen von Putenbrust untermischen. Auch Kohlrabi können so zubereitet werden.

Für 4 Personen

Zubereitungszeit: 30 Minuten

Pro Portion: 450 kcal, 25 g Eiweiß, 29 g Fett, 22 g Kohlenhydrate

Sauerkrautauflauf mit Leberwurst

4 Portionen Kartoffelpüree
(Fertigprodukt)

Fett für die Form

500 g Sauerkraut
(offen oder aus der Dose)

300 g frische **Leberwurst** im Darm

100 g Emmentaler,
frisch gerieben

Salz

schwarzer Pfeffer aus der Mühle

1 Das Kartoffelpüree nach Packungsanleitung mit Wasser oder Milch zubereiten.

2 Den Backofen auf 220°C (Umluft 200°C, Gas Stufe 4) vorheizen.

3 Eine Auflaufform einfetten und den Boden mit der Hälfte des Kartoffelpürees bedecken. Die Hälfte des Sauerkrauts darauf verteilen.

4 Die Leberwurst direkt aus dem Darm darauf verteilen und mit Sauerkraut bedecken.

5 Das restliche Kartoffelpüree mit der Hälfte des Käses mischen und als letzte Schicht auf dem Sauerkraut verteilen. Die Oberfläche glatt streichen, mit dem übrigen Käse bestreuen und leicht salzen und pfeffern.

6 Den Auflauf auf der mittleren Schiene des Backofens in 20 Minuten goldgelb backen.

Getränkeempfehlung: Bier oder halbtrockener Riesling

tipp

Der Auflauf schmeckt auch gut, wenn Sie anstelle von Leberwurst Reste von Braten oder angebratenes Hackfleisch verwenden.

Rund um die Nudel

Für 4 Personen

Zubereitungszeit: 30 Minuten

Pro Portion: 735 kcal, 26 g Eiweiß, 34 g Fett, 76 g Kohlenhydrate

Spaghetti mit Tomaten, Basilikum und Mozzarella

400 g Spaghetti

40 g Salz für 4 l Wasser

5 große, reife **Fleischtomaten** (1–1 ¹/₂ kg), in Würfel geschnitten

2 Schalotten, in Würfel geschnitten

1 kleines Stückchen frische, scharfe **Pfefferschote,** in Streifen geschnitten

Salz

schwarzer Pfeffer aus der Mühle

6 EL Olivenöl

12 frische, große **Basilikumblätter,** in Streifen geschnitten

200 g Mozzarella, in Würfel geschnitten

1 Die Spaghetti in Salzwasser nach Packungsanweisung al dente kochen.

2 Inzwischen die Tomaten blanchieren, häuten, entkernen und in Würfel schneiden. Die geschälten Schalotten in Würfel schneiden, die entkernte Pfefferschote in feine Streifen. Alles miteinander vermischen, mit Salz und Pfeffer würzen und das Olivenöl hinzugeben sowie das in Streifen geschnittene Basilikum.

3 Mozzarella in 2 cm große Würfel schneiden.

4 Die Spaghetti in ein Sieb schütten und gut abtropfen lassen. In einen Kochtopf geben. Mit den marinierten Tomaten und den Mozzarellawürfeln vermischen. Bei leichter Hitze unter Wenden 2 – 3 Minuten erhitzen, bis der Mozzarella zu schmelzen beginnt.

Getränkeempfehlung: leichter, fruchtiger Rotwein, z. B. Chianti

Für 4 Personen

Zubereitungszeit: 15 Minuten

Pro Portion: 885 kcal, 35 g Eiweiß, 41 g Fett, 83 g Kohlenhydrate

Fusilli mit Schinken-Sahne-Sauce

400 g Fusilli

Salz

1 Zwiebel, gehackt

2 EL Öl

300 g Tiefkühl-Erbsen

300 g Sahne

250 g gekochter Schinken
in Scheiben, in schmale Streifen
geschnitten

Pfeffer, Muskat

1–2 TL Zitronensaft

Salz

Minze

geriebener Parmesan

1. Die Fusilli in reichlich Salzwasser nach Packungsangabe bissfest garen.

2. Inzwischen für die Sauce die Zwiebel schälen und hacken. Das Öl in einem Topf erhitzen und die Zwiebel darin glasig dünsten, Erbsen und Sahne hinzufügen und alles etwa 8 Minuten köcheln lassen.

3. Während die Sauce köchelt, den gekochten Schinken in schmale Streifen schneiden und kurz vor Ende der Garzeit unter die Erbsen-Sahne-Sauce mischen. Alles mit Salz, Pfeffer, Muskat und Zitronensaft kräftig abschmecken.

4. Die Minze abbrausen, trocken schütteln, die Blättchen abzupfen. Die Nudeln abschütten und abtropfen lassen. Dann zur Sauce geben und untermischen. Dabei die Hälfte der Minzeblättchen zugeben.

5. Das Nudelgericht auf vorgewärmte Teller verteilen, mit den restlichen Minzeblättchen bestreuen und sofort servieren. Dazu geriebenen Parmesan reichen.

Getränkeempfehlung: Italienischer Landwein, eine spritzige Fruchtschorle oder einen Orangen-Minze-Drink aus dem Saft von 2 Orangen (125 ml), 250 ml Milch, 100 g Naturjoghurt, Minzblättchen und ein wenig Zucker

Für 4 Personen

Zubereitungszeit: 30 Minuten

Pro Portion: 465 kcal, 16 g Eiweiß, 18 g Fett, 54 g Kohlenhydrate

Makkaroni mit buntem Gemüse

100 g Champignons, in Scheiben geschnitten

100 g Zuckerschoten

2 Tomaten, gewürfelt

1 Zwiebel, fein gehackt

1 Knoblauchzehe, fein gehackt

50 g gekochter Schinken, in Streifen geschnitten

300 g Makkaroni

Salz

2 EL Öl

1/4 l (125 ml) Hühnerbrühe

100 g Mascarpone

Pfeffer aus der Mühle

geriebene **Muskatnuss**

1 EL gehacktes **Basilikum** (frisch oder tiefgekühlt)

1 Die Pilze putzen und in Scheiben schneiden. Die Zuckerschoten waschen und putzen. Die Tomaten mit kochendem Wasser übergießen, abziehen und in Würfel schneiden. Dabei die Stielansätze entfernen. Die Zwiebel und den Knoblauch schälen und fein zerkleinern. Den Schinken in Streifen schneiden.

2 Die Makkaroni in reichlich Salzwasser nach Packungsanleitung bissfest kochen. In der Zwischenzeit das Öl in einer großen Pfanne erhitzen, Zwiebel, Knoblauch und Schinken darin glasig braten. Pilze und Zuckerschoten zugeben und kurz mit braten.

3 Tomaten und Brühe untermischen und aufkochen. Den Mascarpone unterrühren und zugedeckt bei schwacher Hitze schmelzen lassen. Das Gemüse mit Salz, Pfeffer und Muskatnuss abschmecken.

4 Die Makkaroni abgießen, abtropfen lassen und sofort mit dem Gemüse mischen. Mit Basilikum bestreuen und gleich servieren.

Getränkeempfehlung: Valpolicella Classico aus Venetien oder eine Mandarinensaftschorle

Anstelle der Zuckerschoten können Sie, je nach Belieben, auch Mais aus der Dose verwenden.

Für 4 Personen

Zubereitungszeit: 25 Minuten

Pro Portion: 680 kcal, 29 g Eiweiß, 20 g Fett, 99 g Kohlenhydrate

Spaghetti mit Spinatsauce

2 EL Olivenöl

1 Zwiebel, gehackt

300 g tiefgekühlter, gehackter Spinat

¹/₄ l (250 ml) Fleischbrühe (aus Extrakt)

500 g Spaghetti

Salz

schwarzer Pfeffer aus der Mühle

frisch geriebene Muskatnuss

1 TL Oregano, frisch oder getrocknet

200 g griechischer Schafskäse, grob gewürfelt

2 EL Pinienkerne

1 Das Olivenöl in einem mittelgroßen Topf erhitzen und die Zwiebelwürfel darin glasig dünsten. Den Spinat dazugeben, mit der Fleischbrühe aufgießen und 15 Minuten köcheln lassen, dabei ab und zu umrühren.

2 Die Spaghetti in reichlich Salzwasser nach Packungsanweisung al dente kochen und abgießen.

3 Den Spinat mit Salz, Pfeffer, Muskat und Oregano würzen.

4 Den Schafskäse zerbröckeln oder grob zerschneiden. Unter den Spinat mischen und 5 Minuten weiter köcheln. Die Pinienkerne einstreuen und nochmals abschmecken.

5 Die Spaghetti auf 4 Teller verteilen, die Sauce in die Mitte geben.

Beilage: Tomatensalat mit Vinaigrette

Getränkeempfehlung: leichter, roter Tischwein

Für 6 Personen

Zubereitungszeit: 30 Minuten

Pro Portion: 370 kcal, 13 g Eiweiß, 12 g Fett, 48 g Kohlenhydrate

Farfalle mit Blumenkohl und Sardellen

1 Blumenkohl (ca. 750 g)
zerkleinert

Salz

400 g Farfalle

1 kleine Zwiebel, fein gehackt

3 Knoblauchzehen, fein gehackt

5 kleine Sardellenfilets,
in Stücke geschnitten

3 Zweige Oregano

3 EL Olivenöl

250 g Tomatenstücke
(Fertigprodukt)

2 EL Butter

grob gemahlener **Pfeffer**

1 Den Blumenkohl in Röschen teilen, putzen und waschen. In einem großen Topf reichlich Salzwasser zum Kochen bringen. Zuerst die Nudeln zugeben und aufkochen. Dann den Blumenkohl zufügen und erneut aufkochen. Beide Zutaten nach Packungsanleitung der Nudeln bissfest kochen.

2 Inzwischen die Zwiebel und den Knoblauch schälen und fein zerkleinern. Die Sardellenfilets in etwa fingerbreite Stücke schneiden. Den Oregano fein hacken.

3 Das Öl in einer Pfanne erhitzen. Zwiebel und Knoblauch darin glasig braten. Die Sardellen, den Oregano und die Tomatenstücke zugeben, einmal aufkochen.

4 Nudeln und Blumenkohl abgießen, abtropfen lassen und in eine Schüssel geben. Die Sardellenmischung und die Butter dazugeben und alles mischen. Mit grobem Pfeffer abschmecken und sofort servieren.

Getränkeempfehlung: Dazu passt ein Donnafugata aus Sizilien oder eine Pfirsichsaftschorle

Eingesalzene Sardellenfilets vor Verwendung gründlich wässern.

Für 4 Personen

Zubereitungszeit: 15 Minuten

Pro Portion: 750 kcal, 22 g Eiweiß, 36 g Fett, 74 g Kohlenhydrate

Fettuccine mit Käsesauce

400 g grüne **Fettuccine**

Salz

200 g Gorgonzola,
in Stücke zerteilt

250 g Sahne

Pfeffer

1 Knoblauchzehe

Zitronensaft

1 Bund glatte Petersilie,
fein gehackt

1 Die Fettuccine in reichlich kochendes Salzwasser geben und nach Packungsanleitung in etwa 8 Minuten bissfest garen. Dann in ein Sieb abgießen.

2 Während die Nudeln garen, den Gorgonzola entrinden und in kleine Stücke teilen. Die Sahne in einem kleinen Topf erhitzen, den Gorgonzola dazugeben und bei schwacher bis mittlerer Hitze schmelzen lassen, dabei immer wieder umrühren. Die Sauce 3 Minuten bei schwacher Hitze köcheln lassen.

3 Dann mit Salz und Pfeffer würzen, Den Knoblauch schälen und dazudrücken, die Käsesauce mit Zitronensaft abschmecken.

4 Petersilie abbrausen und trocken schwenken. Die Blättchen von den Stängeln zupfen und fein hacken. Die gut abgetropften Nudeln auf vorgewärmte Teller verteilen, die Sauce darüber geben, mit der Petersilie bestreuen. Die Fettuccine sofort servieren.

Beilagenempfehlung: Salat mit Radieschen. Feld- und Endiviensalat mit Radieschen und Frühlingszwiebeln mischen, mit einem Dressing aus 2 EL Weißweinessig, 1 EL Zitronensaft, 4 EL Öl salz und Pfeffer würzen

Nach Belieben noch 4 EL gemahlene Haselnüsse in die Gorgonzolasauce rühren.

Für 4 Personen

Zubereitungszeit: 30 Minuten

Pro Portion: 635 kcal, 32 g Eiweiß, 19 g Fett, 76 g Kohlenhydrate

Bandnudeln mit Erbsen und Garnelen

5 rohe, geschälte **Riesengarnelen,** in Stücke geschnitten

1 Knoblauchzehe, fein gehackt

2 EL Zitronensaft

50 g magerer **gekochter Schinken,** in Streifen geschnitten

1 EL Butter

1 EL Olivenöl

150 g tiefgekühlte **Erbsen**

1 TL Safranfäden

200 ml Fischfond (aus dem Glas) oder Gemüsebrühe

100 g Sahne

Salz, Pfeffer aus der Mühle

geriebene **Muskatnuss**

400 g Fettuccine oder Pappardelle oder andere Bandnudeln

1 EL Petersilie (frisch oder tiefgekühlt), fein gehackt

1 Die Garnelen kalt abspülen, trocken tupfen und in Stücke schneiden. Knoblauch schälen, fein hacken und mit dem Zitronensaft unter die Garnelenstücke mischen. Den Schinken vom Fettrand befreien und in Streifen schneiden.

2 Die Butter und das Öl in einer Pfanne erhitzen, den Schinken und die Garnelen darin bei schwacher Hitze leicht bräunen, wieder herausnehmen.

3 Die gefrorenen Erbsen, den zerriebenen Safran, Fond oder Brühe und etwa die Hälfte der Sahne in die Pfanne geben. Alles bei starker Hitze 10 Minuten unter Rühren kochen, bis die Sauce dicklich wird. Dabei nach und nach die restliche Sahne zugeben. Schinken und Garnelen untermischen. Mit Salz, Pfeffer und Muskat abschmecken.

4 Inzwischen die Nudeln in reichlich Salzwasser nach Packungsanleitung bissfest kochen. Abtropfen lassen, mit der Erbsen-Schinken-Garnelen-Sauce mischen, mit Petersilie bestreuen und sofort servieren.

Getränkeempfehlung: Pinot bianco aus dem Trentino oder eine leichte Zitronenlimonade. Dafür 1 Zitrone in dünne Scheiben schneiden. Saft von 1 Zitrone und 4–5 EL Zucker mit kochendem Wasser übergießen, 10 Minuten ziehen lassen. Abgießen und kalt stellen. Mit Zitronenscheiben und Eiswürfeln in eine Karaffe geben.

Für 4 Personen

Zubereitungszeit: 25 Minuten

Pro Portion: 560 kcal, 38 g Eiweiß, 26 g Fett, 37 g Kohlenhydrate

Glasnudeln mit Hühnerbrust und Minze

200 g **Glasnudeln**

4 **Hühnerbrustfilets,** in Scheiben geschnitten

3 EL **Butterschmalz**

1 kleine **Chilischote**

3 **Knoblauchzehen**

100 g gesalzene **Erdnüsse**

Saft von 1 Zitrone

weißer Pfeffer aus der Mühle

1 Prise **Koriander,** gemahlen

1 **Bund** frische **Minze**

1 Die Glasnudeln mit kochendem Wasser überbrühen und 10 Minuten ziehen lassen. Falls auf der Glasnudelverpackung ein anderer Hinweis zum Garen der Glasnudeln steht, diesen beachten.

2 Die Hühnerbrustfilets, falls nötig, von Häutchen und Fettstückchen befreien und quer zur Faser in $1/2$ cm dicke Scheiben schneiden.

3 Das Butterschmalz in einer breiten Pfanne mit hohem Rand erhitzen. Die Chilischote mit dem Messerrücken etwas andrücken und zufügen. Hühnerfleisch in die Pfanne geben und 3 Minuten kräftig braten. Die Knoblauchzehen schälen und dazudrücken. Die Erdnüsse einstreuen.

4 Die Glasnudeln in ein Sieb schütten, abtropfen lassen, mit einer Küchenschere klein schneiden und unter den Pfanneninhalt mischen. Mit Zitronensaft, Pfeffer und Koriander kräftig würzen und 5 Minuten braten. Mit Minze bestreuen.

Beilage: Salat aus Sojakeimen und Kresse

Getränkeempfehlung: trockener Rotwein

Die Glasnudeln in einen Topf legen und mit kochendem Wasser übergießen.

Die gegarten Glasnudeln abtropfen lassen und mit einer Schere klein schneiden.

Die Nudeln mit dem Pfanneninhalt mischen.

Für 4 Personen

Zubereitungszeit: 20 Minuten

Pro Portion: 520 kcal, 19 g Eiweiß, 24 g Fett, 51 g Kohlenhydrate

Trenette mit Schafskäse

200 g weicher **Schafskäse,**
fein zerbröckelt

1 Knoblauchzehe

1 Handvoll Salbeiblätter,
in feine Streifen geschnitten

300 g Trenette oder Spaghetti

Salz

4 EL Olivenöl

Pfeffer aus der Mühle

1 Den Schafskäse fein zerbröckeln. Den Knoblauch schälen und zerdrücken. Salbeiblätter in feine Streifen schneiden.

2 Die Nudeln in reichlich Salzwasser nach Packungsanleitung bissfest kochen. Inzwischen das Öl in einer großen Pfanne erhitzen. Den Knoblauch und den Salbei darin bei schwacher bis schwächster Hitze dünsten.

3 Die Nudeln abgießen, abtropfen lassen und in der Pfanne mit dem Salbei mischen. Mit reichlich Pfeffer würzen, mit dem Schafskäse mischen und sofort servieren.

Getränkeempfehlung: Gavi aus dem Piemont oder eine selbstgemachte Zitronenlimonade. Dafür 1 Zitrone in dünne Scheiben schneiden. Saft von 1 Zitrone und 4–5 EL Zucker mit kochendem Wasser übergießen, 10 Minuten ziehen lassen. Abgießen und kalt stellen. Mit Zitronenscheiben und Eiswürfeln in eine Karaffe geben.

Mit Fleisch und Geflügel

Für 4 Personen

Zubereitungszeit: 20 Minuten

Pro Portion: 480 kcal, 47 g Eiweiß, 32 g Fett, 1 g Kohlenhydrate

Schweineschnitzel mit Mozzarella

2 EL Butter

2 EL Olivenöl

4 Schweineschnitzel (à 180 g)

Salz

schwarzer Pfeffer aus der Mühle

4 Knoblauchzehen

1 Kugel Mozzarella (150 g),
in Scheiben geschnitten

¹/₂ Bund Basilikum

1 Die Butter und 1 EL Olivenöl in einer großen Pfanne erhitzen. Die Schweineschnitzel trocken tupfen und auf jeder Seite gut 2 Minuten braten, salzen und pfeffern.

2 Den Backofen auf 250°C (Umluft 230°C, Gas Stufe 4) vorheizen.

3 Die Schweineschnitzel nebeneinander in eine feuerfeste Form oder auf ein Backblech legen.

4 Die Knoblauchzehen schälen, durch die Presse drücken und auf die Schweineschnitzel streichen. Das Basilikum abzupfen und auf dem Fleisch verteilen, einige Blättchen zum Garnieren beiseite legen. Die Mozzarellakugel in 8 Scheiben schneiden. Die Schnitzel mit je 2 Scheiben Mozzarella bedecken. Salzen, pfeffern und mit dem restlichen Olivenöl beträufeln.

5 Die Schnitzel auf der mittleren Schiene des Backofens 5–8 Minuten überbacken, bis der Käse zu schmelzen beginnt. Herausnehmen und mit den restlichen Basilikumblättchen garnieren.

Beilage: Salat aus Rucola und Kirschtomaten und ofenwarmes Weißbrot

Getränkeempfehlung: frischer, leichter Weißwein, z. B. Galestro oder weißer Rioja

Für 4 Personen

Zubereitungszeit: 30 Minuten

Pro Portion: 465 kcal, 35 g Eiweiß, 30 g Fett, 4 g Kohlenhydrate

Kalbsgeschnetzeltes mit Austernpilzen

600 g Kalbsfleisch aus der Keule, geschnetzelt

3 EL Öl

1 mittelgroße Zwiebel, fein gehackt

400 g Austernpilze, in Streifen geschnitten

½ l (250 ml) trockener **Weißwein**

200 g Sahne

Salz

weißer Pfeffer aus der Mühle

1 TL Worcestersauce

1 TL getrockneter **Thymian**

1 Bund glatte Petersilie, fein gehackt

1 Das Kalbsfleisch waschen, trocken tupfen und in fingerdicke Streifen schneiden. Das Öl in einer breiten Pfanne erhitzen und die Fleischstreifen darin portionsweise kräftig anbraten. Herausnehmen und zugedeckt beiseite stellen.

2 Die Zwiebelwürfel im verbliebenen Bratfett glasig dünsten.

3 Die Austernpilze kurz abbrausen, putzen und in schmale Streifen schneiden. Zu der Zwiebel in die Pfanne geben und bei mittlerer Hitze dünsten, bis fast alle Flüssigkeit verdampft ist. Mit dem Weißwein aufgießen und knapp um die Hälfte einkochen lassen. Die Sahne unterrühren, aufkochen und mit Salz, Pfeffer, Worcestersauce und Thymian würzen.

4 Die Fleischstreifen mitsamt dem ausgetretenen Fleischsaft zufügen und erwärmen.

5 Die Petersilie abbrausen, trocken tupfen, fein hacken und einstreuen.

Beilage: Kartoffelpüree und Salat

Getränkeempfehlung: trockener Weißwein, z. B. Riesling aus dem Elsass

73

Für 4 Personen

Zubereitungszeit: 30 Minuten

Pro Portion: 355 kcal, 41 g Eiweiß, 20 g Fett, 3 g Kohlenhydrate

Rumpsteaks auf Lauch

500 g Porree (Lauch),
in Ringe geschnitten

³/₄ l (750 ml) Gemüsebrühe
(aus Extrakt)

Salz

weißer Pfeffer aus der Mühle

2 EL Weißweinessig

4 Rumpsteaks aus der Lende
(á 180 g)

1 Den Porree putzen, längs aufschlitzen und unter fließen-dem Wasser gründlich ausspülen. Anschließend in schmale Ringe schneiden und in einen Bräter geben. Mit der Ge-müsebrühe aufgießen, aufkochen und bei mittlerer Hitze 5 Minuten köcheln lassen. Salzen, pfeffern und mit Essig abschmecken.

2 Die Rumpsteaks vom Fettrand befreien, salzen, pfeffern, trocken tupfen und nebeneinander auf den Porree legen. Zugedeckt bei milder Hitze in 8–10 Minuten gar ziehen lassen.

3 Die Steaks auf vorgewärmte Teller legen. Den Porree mit dem Schaumlöffel herausnehmen, gut abtropfen lassen und neben den Steaks anrichten.

Beilage: Bratkartoffeln oder Baguette und Sahnemeerrettich

Getränkeempfehlung: kräftiger Rotwein, z. B. Württemberger Schwarzriesling

tipp

Sie können geviertelte Kartoffeln gleich mitgaren. Dann dauert die Zubereitungszeit allerdings länger.

Für 4 Personen

Zubereitungszeit: 30 Minuten

Pro Portion: 655 kcal, 34 g Eiweiß, 54 g Fett, 8 g Kohlenhydrate

Schweineragout mit Curry und Tomaten

750 g Schweinefleisch aus der Schulter, in Würfel geschnitten

3 EL Öl

1 große Zwiebel, fein gehackt

2 EL Currypulver

Salz

schwarzer Pfeffer aus der Mühle

1 große Dose Tomaten (850 ml)

1 Lorbeerblatt

¹/₂ Bund Frühlingszwiebeln, in Ringe geschnitten

1 Das Fleisch in 1 cm große Würfel schneiden. Das Öl in einem breiten Topf erhitzen und das Fleisch darin portionsweise kräftig anbraten.

2 Die Zwiebelwürfel untermischen und mit dem Currypulver bestäuben. Kurz anschwitzen lassen, salzen und pfeffern.

3 Die Tomaten samt Saft zufügen, das Lorbeerblatt einlegen und aufkochen. Zugedeckt im geschlossenen Topf 20 Minuten köcheln lassen.

4 Inzwischen die Frühlingszwiebeln putzen, waschen und in schmale Ringe schneiden.

5 Das Schweineragout abschmecken. Die Frühlingszwiebeln unterheben.

Beilage: Fladenbrot oder Butterreis mit Mandelblättchen und Blattsalat mit Kräutervinaigrette

Getränkeempfehlung: trockener Rosé aus Rioja oder von der Loire

Für 4 Personen

Zubereitungszeit: 30 Minuten

Pro Portion: 550 kcal, 33 g Eiweiß, 35 g Fett, 25 g Kohlenhydrate

Kasslerkoteletts mit Aprikosen

4 Scheiben Kassler Koteletts (je 200 g)

Mehl zum Wenden

1 EL Butter

1 EL Öl

16 abgetropfte, feste **Aprikosen** aus der Dose

etwas Zucker

6 EL Aprikosensaft

1 EL Ingwerwurzel, fein geschnitten, **oder** 1/2 **TL Ingwerpulver**

1 TL Tomatenmark

4 EL Sahne

1 Die Koteletts trocken tupfen und leicht in Mehl wenden. Die Butter und das Öl in einer Pfanne erhitzen und die Koteletts darin von beiden Seiten in 6–8 Minuten goldbraun braten. Aus der Pfanne nehmen und warm stellen.

2 Die Aprikosenhälften leicht mit Zucker bestreut in der Pfanne kurz anbraten und zu dem Fleisch geben.

3 Das Bratfett mit dem Aprikosensaft aufgießen und Ingwerwurzel oder Ingwerpulver hinzugeben. 5 Minuten leicht köcheln lassen, dann Tomatenmark und Sahne in die Sauce geben. Kurz unter Rühren etwas einkochen lassen.

4 Das Fleisch auf einer vorgewärmten Platte anrichten, mit der Sauce überziehen und mit den Aprikosen garnieren.

Beilage: Kartoffelpüree und junge Erbsen

Getränkeempfehlung: halbtrockener Müller-Thurgau oder Traminer

tipp

Eine leckere Variante ist es auch, das Rezept mit Kompottpflaumen zuzubereiten.

Für 4 Personen

Zubereitungszeit: 30 Minuten

Pro Portion: 655 kcal, 50 g Eiweiß, 47 g Fett, 3 g Kohlenhydrate

Schweineschnitzel mit Thunfischsauce

3 EL Butterschmalz

4 Schweineschnitzel

Salz

weißer Pfeffer aus der Mühle

1 TL Oregano

$1/8$ l (125 ml) trockener **Weißwein**

1 Dose Thunfisch (naturell)

200 g Sahne

3 Sardellenfilets, gewässert

2 TL Aceto Balsamico

Saft von $1/2$ Limette

1 Handvoll Kerbel

1 Fett in einer Pfanne erhitzen. Das Fleisch auf jeder Seite 3 Minuten braten, würzen, aus der Pfanne nehmen und warm stellen.

2 Fett wegkippen und den Bratensatz mit dem Weißwein loskochen.

3 Den Fisch abtropfen lassen, in der Pfanne mit einer Gabel zerdrücken. Die Sahne zugießen und aufkochen. Die Sardellenfilets zerschneiden und zufügen.

4 Die Sauce mit dem Stabmixer pürieren und nochmals erhitzen. Mit Salz, Pfeffer, Balsamico und Limettensaft abschmecken.

5 Die Schnitzel auf Teller legen, mit der Sauce übergießen und mit Kerbel bestreuen.

Beilage: Baguette

Getränkeempfehlung: Im Sommer Eistee oder eine fruchtige Kiwi-Schorle aus frisch pürierter Kiwi, mit Mineralwasser aufgegossen

Für 4 Personen

Zubereitungszeit: 20 Minuten

Pro Portion: 525 kcal, 31 g Eiweiß, 35 g Fett, 5 g Kohlenhydrate

Koteletts in Rotweinsauce

3 EL Öl

4 Schweinekoteletts (à 150 g)

Salz

schwarzer Pfeffer aus der Mühle

1 große Zwiebel, fein gehackt

50 g durchwachsener geräucherter Speck in Scheiben,
in Würfel geschnitten

2 TL Mehl

³/4 l (375 ml) trockener Rotwein

1 TL Majoran, getrocknet oder
frische Majoranblättchen

1 Das Öl in einer großen Pfanne mit hohem Rand erhitzen. Die Schweinekoteletts trocken tupfen und auf jeder Seite etwa 4 Minuten braten. Salzen, pfeffern und aus der Pfanne nehmen. Zugedeckt beiseite stellen.

2 Die Zwiebelwürfel im verbliebenen Fett glasig dünsten.

3 Inzwischen die Speckscheiben von der Schwarte befreien, in kleine Würfel schneiden und zu der Zwiebel in die Pfanne geben. Alles bei mittlerer Hitze 5 Minuten dünsten.

4 Das Mehl darüber stäuben, anschwitzen und mit dem Rotwein ablöschen. Den Majoran einstreuen und 5 Minuten weiter köcheln. Mit wenig Salz und Pfeffer abschmecken. Die Koteletts mitsamt ausgetretenem Fleischsaft kurz in der Sauce erwärmen.

5 Die Schweinekoteletts mit der Sauce auf vorgewärmten Tellern anrichten.

Beilage: Kartoffelpüree oder Knödel aus der Packung und Feldsalat

Getränkeempfehlung: trockener Rotwein, z. B. Chianti Classico

Für 4 Personen

Zubereitungszeit: 25 Minuten

Pro Portion: 745 kcal, 23 g Eiweiß, 71 g Fett, 3 g Kohlenhydrate

Lammkoteletts auf Gurkengemüse

1 große Salatgurke,
in Scheiben geschnitten

2 EL Butter

2 Knoblauchzehen

Salz

weißer Pfeffer aus der Mühle

6 EL Crème fraîche

1 Bund Dill, fein gehackt

3 EL Olivenöl

8 Lammkoteletts (à 80 g)

2 TL Rosmarin, fein gehackt

1 Die Salatgurke schälen, längs halbieren und die Kerne mit einem Löffel herausschaben. Die Gurkenhälften in sehr schmale Scheiben schneiden.

2 Die Butter in einem Topf erhitzen und die Gurkenscheiben darin 5 Minuten dünsten. Den Knoblauch schälen und dazudrücken. Das Gemüse salzen, pfeffern und die Crème fraîche untermischen. Weitere 5 Minuten dünsten.

3 Inzwischen den Dill abbrausen, trocken tupfen, abzupfen, fein hacken und einstreuen.

4 Das Olivenöl in einer großen Pfanne erhitzen und die Lammkoteletts darin auf jeder Seite 2–3 Minuten braten. Nach dem Wenden salzen, pfeffern und mit den Rosmarinnadeln bestreuen.

5 Das Gurkengemüse mit den Lammkoteletts auf Tellern anrichten.

Getränkeempfehlung: Retsina oder anderer griechischer Weißwein, z. B. Demestica

Die geschälten Gurkenhälften in schmale Scheiben schneiden.

Fein gehackten Dill unter das Gemüse mischen.

Das gedünstete Gurkengemüse mit Pfeffer, Salz, Knoblauch und Crème fraîche abschmecken.

Lammkoteletts in Olivenöl anbraten, danach mit Salz, Pfeffer und Rosmarinnadeln würzen.

Für 4 Personen

Zubereitungszeit: 30 Minuten

Pro Portion: 840 kcal, 39 g Eiweiß, 73 g Fett, 7 g Kohlenhydrate

Lammragout mit Mandeln und Minze

750 g Lammfleisch aus der Keule oder dem Rücken, geschnetzelt

3 EL Butterschmalz

1 große Zwiebel, fein gehackt

Saft und Schale von 1 unbehandelten Zitrone

150 g Mandeln, fein gemahlen

200 g Sahne

0,25 l (250 ml) Lammfond (aus dem Glas)

Salz

weißer Pfeffer aus der Mühle

1 Prise Kreuzkümmel

1 TL Ingwerwurzel, fein gehackt

1 Bund frische Minze

1 Das Fleisch waschen, trocken tupfen und erst in Scheiben, dann in schmale Streifen schneiden. Das Butterschmalz in einem breiten Topf erhitzen und die Fleischstreifen darin portionsweise anbraten. Herausnehmen und zugedeckt beiseite stellen.

2 Die Zwiebelwürfel im verbliebenen Bratfett glasig dünsten. Zitronensaft und -schale zufügen und kurz aufkochen. Die gemahlenen Mandeln unterrühren und kurz mitdünsten. Mit der Sahne und dem Lammfond aufgießen. Aufkochen.

3 Die Fleischstreifen wieder zufügen und alles mit Salz, Pfeffer, Kümmel und Ingwer würzen. Bei schwacher Hitze 15 Minuten köcheln lassen.

4 Inzwischen die Minze abbrausen, trocken tupfen, die Blättchen abzupfen und unter das Lammragout mischen.

Beilage: Fladenbrot oder Curryreis mit Rosinen und Blattsalat

Getränkeempfehlung: kräftiger Rotwein

Für 4 Personen

Zubereitungszeit: 30 Minuten

Pro Portion: 345 kcal, 34 g Eiweiß, 16 g Fett, 8 g Kohlenhydrate

Hühnerleberpfanne mit Äpfeln und Zwiebeln

600 g Hühnerleber

4 EL Butter

2 mittelgroße **Zwiebeln,**
in Scheiben geschnitten

2 Äpfel (Boskop),
in Spalten geschnitten

3 cl (30 ml) Calvados

1 Zweig oder 2 TL getrockneter
Majoran

Salz

schwarzer Pfeffer aus der Mühle

1 Hühnerleber von anhaftenden Häutchen und Fettstückchen befreien und in die natürlichen Hälften teilen.

2 Die Butter in einer großen Pfanne erhitzen und die Geflügelleber darin bei starker Hitze 3 Minuten unter Rühren anbraten. Herausnehmen und zugedeckt beiseite stellen.

3 Die Zwiebeln schälen, in ganz feine Ringe hobeln oder schneiden und im verbliebenen Bratfett dünsten.

4 Die Äpfel waschen, trocken reiben, vierteln, vom Kernhaus befreien und in sehr schmale Spalten schneiden. Mit den Zwiebelringen 5 Minuten dünsten. Calvados dazugießen, den Majoran zufügen, salzen und pfeffern.

5 Hühnerleber untermischen und zugedeckt bei milder Hitze 8 Minuten ziehen lassen.

Beilage: ofenwarmes Baguette

Getränkeempfehlung: Bier oder Apfelwein

Für 4 Personen

Zubereitungszeit: 30 Minuten

Pro Portion: 295 kcal, 33 g Eiweiß, 12 g Fett, 6 g Kohlenhydrate

Asiatische Hühnerpfanne aus dem Wok

500 g Hühnerfleisch ohne Haut und Knochen, geschnetzelt

2 EL Speisestärke

Salz

weißer Pfeffer aus der Mühle

1 Stück Ingwerwurzel (ca. 2 cm), fein gehackt

2 Knoblauchzehen, fein gehackt

1 Bund Frühlingszwiebeln, in Ringe geschnitten

150 g Sojasprossen, frisch oder aus dem Glas

4 EL Sojaöl

6 cl (60 ml) trockener Sherry (Fino)

6 EL Sojasauce

1 Das Hühnerfleisch in schmale Streifen schneiden, Speisestärke darüber stäuben und fest einmassieren.

2 Ingwerwurzel und Knoblauchzehen schälen und sehr fein hacken. Die Frühlingszwiebeln putzen, waschen und in feine Ringe schneiden. Die Sojasprossen abbrausen oder abtropfen lassen.

3 Das Sojaöl in einem Wok oder einer breiten Pfanne erhitzen. Das Hühnerfleisch darin rundum kräftig anbraten und herausnehmen.

4 Ingwerwurzel, Knoblauch, Frühlingszwiebeln und Sojasprossen im verbliebenen Sojaöl unter Rühren 8 Minuten dünsten. Sherry und Sojasauce untermischen, einmal aufkochen, salzen, pfeffern und die Hühnerstreifen einrühren.

Beilage: Reis oder Glasnudeln

Getränkeempfehlung: grüner Tee, wenn es ganz original sein soll

Für 4 Personen

Zubereitungszeit: 30 Minuten

Pro Portion: 675 kcal, 61 g Eiweiß, 42 g Fett, 4 g Kohlenhydrate

Gratinierte Hähnchenbrust mit Mandeln

8 Hähnchenbrustfilets
(je ca. 110 g)

3 EL Butter

Salz

weißer Pfeffer aus der Mühle

80 g Mandelstifte

2 Knoblauchzehen

1 Bund glatte Petersilie,
fein gehackt

0,2 l (200 ml) Sahne

100 g Emmentaler, fein gerieben

1 Prise Muskat, frisch gerieben

1 Die Hühnerbrustfilets sorgfältig von Häutchen und Fettstückchen befreien. In einer Pfanne zwei EL Butter schmelzen und die Filets darin kräftig anbraten. Salzen und pfeffern.

2 Die Mandelstifte in eine kleine Schüssel füllen. Den Knoblauch durch die Knoblauchpresse dazudrücken. Petersilie, Sahne und Emmentaler zufügen und alles gut verrühren. Mit Salz, Pfeffer und Muskat würzen.

3 Den Backofen auf 200°C (Umluft 180°C, Gas Stufe 3) vorheizen.

4 Eine Auflaufform mit der restlichen Butter einfetten und die Hühnerbrustfilets nebeneinander hineinlegen. Die Mandel-Käse-Mischung gleichmäßig darauf verteilen.

5 Die Auflaufform auf die mittlere Schiene des Backofens stellen und 20 Minuten überbacken. In der Form servieren.

Beilage: Kartoffelpüree und Blattsalat (z. B. Lollo Rosso)

Getränkeempfehlung: trockener Weißwein, z. B. Grauburgunder aus Baden

Für 4 Personen

Zubereitungszeit: 30 Minuten

Pro Portion: 450 kcal, 37 g Eiweiß, 33 g Fett, 2 g Kohlenhydrate

Hackfleischpfanne mit Champignons

500 g Champignons,
in Scheiben geschnitten

3 EL Butterschmalz

1 große Zwiebel, fein gehackt

600 g gemischtes **Hackfleisch**

3 EL Tomatenmark

Salz

schwarzer Pfeffer aus der Mühle

1 TL Paprika, edelsüß

2 Bund Schnittlauch

1 Die Champignons abbrausen, putzen und blättrig schneiden.

2 Das Butterschmalz in einer großen Pfanne mit hohem Rand erhitzen und die Champignons darin braten, bis fast alle Flüssigkeit verdampft ist.

3 Die Zwiebelwürfel unter die Pilze mischen und das Hackfleisch zufügen. Alles 10 Minuten bei mittlerer Hitze garen und dabei immer wieder umrühren.

4 Das Tomatenmark untermischen und mit Salz, Pfeffer und Paprika würzen.

5 Den Schnittlauch abbrausen, kleinschneiden und kurz vor Garzeitende untermischen.

Beilage: Kartoffelpüree oder Salzkartoffeln und Kopfsalat mit Joghurtdressing

Getränkeempfehlung: Bier

tipp

Wenn Sie die Hackfleischpfanne schärfer mögen, mischen Sie eine frische, entkernte oder getrocknete Chilischote unter.

Für 4 Personen

Zubereitungszeit: 30 Minuten

Pro Portion: 340 kcal, 48 g Eiweiß, 11 g Fett, 6 g Kohlenhydrate

Putencurry mit Mandelstiften

750 g Putenschnitzel, geschnetzelt

2 EL Butterschmalz

1 mittelgroße Zwiebel, fein gehackt

2 Knoblauchzehen

Salz

weißer Pfeffer aus der Mühle

2 EL Curry

$^1/_2$ TL Kreuzkümmel, gemahlen

1 Packung Tomatenstückchen (500 g)

$^1/_4$ l (250 ml) Hühnerbrühe (aus Extrakt)

Saft $^1/_2$ Zitrone

1 Bund Petersilie, mittelfein gehackt

3 EL Mandelstifte

1 Die Putenschnitzel längs halbieren, dann in fingerbreite Streifen schneiden.

2 Das Butterschmalz in einem breiten Topf erhitzen und die Putenstreifen darin bei starker Hitze portionsweise kräftig anbraten. Herausnehmen und beiseite stellen.

3 Die Zwiebel im verbliebenen Bratfett glasig dünsten, die Knoblauchzehen dazupressen. Salzen und pfeffern, mit Curry bestäuben und den Kreuzkümmel untermischen und anschwitzen. Die Tomatenstückchen und die Hühnerbrühe dazugießen, aufkochen und 10 Minuten im offenen Topf köcheln lassen.

4 Putenstreifen samt ausgetretenem Saft unter die Sauce mischen. Den Zitronensaft, die Hälfte der Petersilie und die Mandelstifte einrühren. Weitere 5 Minuten köcheln, nochmals abschmecken und mit der restlichen Petersilie bestreuen.

Beilage: Reis oder Kartoffelpüree

Getränkeempfehlung: voller, trockener Weißwein, z. B. Badischer Grauburgunder

tipp

Wer auf Fleisch verzichten möchte, kann gekochte, in Würfel geschnittene Kartoffeln untermischen.

Für 2 Personen

Zubereitungszeit: 30 Minuten

Pro Portion: 460 kcal, 33 g Eiweiß, 34 g Fett, 5 g Kohlenhydrate

Putenröllchen mit Paprika-Zucchini-Gemüse

1 gelbe **Paprika**

1 kleine **Zucchini**

4 dünne **Putenschnitzel**
(à ca. 80 g)

Salz

4 Scheiben **Rindersaftschinken**

1/2 TL **Olivenöl**

200 ml **Gemüsebrühe**

1 Msp. **Ingwerpulver**

1 Paprika und Zucchini waschen, putzen und in feine Streifen schneiden.

2 Die Putenschnitzel waschen und trocken tupfen, salzen und auf die Arbeitsplatte legen. Mit je einer Scheibe Rindersaftschinken belegen. Die Gemüsestreifen darauf legen und die Putenschnitzel aufrollen und mit Spießchen zusammenstecken oder mit Garn binden. Den Backofen auf 180°C vorheizen (Umluft 160°C, Gas Stufe 2–3).

3 Das Öl in einer ofenfesten Pfanne erhitzen und die Röllchen rundum anbraten. Die Gemüsebrühe zugeben und für etwa 20 Minuten im heißen Backofen garen, ab und zu die Röllchen wenden und mit der Brühe übergießen.

4 Die Röllchen aus dem Ofen nehmen und die Spieße oder das Garn entfernen. Die Sauce mit Ingwer und Salz abschmecken.

Beilage: Reis, Kartoffelpüree oder Baguette

Sie können die Schnitzel auch nur mit dem Rindersaftschinken belegen und garen. Das gedünstete Gemüse wird dann als Beilage gereicht.

Fisch und Konsorten

Für 4 Personen

Zubereitungszeit: 20 Minuten

Pro Portion: 350 kcal, 25 g Eiweiß, 22 g Fett, 4 g Kohlenhydrate

Rotzungenfilets in Schnittlauchsahne

2 EL Butter

1 mittelgroße **Zwiebel,** gehackt

0,2 l (200 ml) trockener **Weißwein**

200 g Sahne

Salz

weißer Pfeffer aus der Mühle

2 Bund Schnittlauch

8 Rotzungenfilets (à 70 g)

Zitronensaft

1 Die Butter in einer breiten Pfanne mit hohem Rand schmelzen. Die Zwiebelwürfel darin bei schwacher Hitze weich dünsten.

2 Mit dem Weißwein aufgießen und um ein Drittel einkochen lassen. Die Sahne zufügen und um knapp die Hälfte einkochen lassen, bis die Sauce eine cremige Konsistenz hat.

3 In dieser Zeit den Schnittlauch waschen, trocken tupfen und in feine Ringe schneiden. Zum Schluss in die Sauce rühren und mit Salz und Pfeffer würzen.

4 Die Rotzungenfilets waschen, trocken tupfen, mit Zitronensaft beträufeln, leicht salzen und pfeffern. In die Schnittlauchsauce legen und zugedeckt bei schwacher Hitze in 4–5 Minuten gar ziehen lassen.

Beilage: Salzkartoffeln und Tomatensalat

Getränkeempfehlung: trockener Weißwein, z. B. Entre-Deux-Mer

tipp

Bereiten Sie nach diesem Rezept auch mal Seezungen- oder Schollenfilets zu.

Für 4 Personen

Zubereitungszeit: 30 Minuten

Pro Portion: 450 kcal, 40 g Eiweiß, 29 g Fett, 3 g Kohlenhydrate

Lachs auf Champignons

500 g Champignons,
in Scheiben geschnitten

2 EL Butter

2 Schalotten, fein gehackt

1/8 l (125 ml) trockener **Weißwein**

1/4 l (250 ml) **Fischfond**
(aus dem Glas)

1 Lorbeerblatt

1 Bund Dill

4 Lachskoteletts (à 180 g)

Zitronensaft

Salz

weißer Pfeffer aus der Mühle

1 EL eiskalte **Butter**

1 Die Champignons putzen, kurz abbrausen und in Scheiben schneiden.

2 Schalotten in der heißen Butter kurz andünsten und die Champignons zufügen. Bei starker Hitze 5 Minuten dünsten.

3 Mit dem Wein ablöschen und mit dem Fond aufgießen. Das Lorbeerblatt zufügen. Den Dill abbrausen und die Hälfte davon hineinlegen. Alles 5 Minuten kochen lassen.

4 Den Lachs waschen und trocken tupfen. Mit Zitronensaft beträufeln, salzen, pfeffern und auf die Champignons legen. Zugedeckt 8 Minuten bei schwacher Hitze gar ziehen lassen.

5 Lorbeerblatt und Dill entfernen. Die Butter in kleinen Stückchen unterschlagen, bis die Sauce cremig ist. Mit Salz, Pfeffer und Zitronensaft abschmecken.

6 Den restlichen Dill über dem Topf abzupfen. Die Champignons wieder unterheben. Den Lachs auf Tellern mit der Champignonsauce anrichten.

Beilage: Wildreis

Getränkeempfehlung: trockener Sekt

Für 4 Personen

Zubereitungszeit: 30 Minuten

Pro Portion: 300 kcal, 29 g Eiweiß, 19 g Fett, 3 g Kohlenhydrate

Gratiniertes Rotbarsch-filet in Senfrahm

600 g Rotbarschfilet

Zitronensaft

Salz

weißer Pfeffer aus der Mühle

Fett für die Form

150 g Crème fraîche

2 EL mittelscharfer **Senf**

1/8 l (125 ml) Fischfond
(aus dem Glas)

1 TL Stärkemehl

1 Kästchen Kresse

1 Das Rotbarschfilet waschen, trocken tupfen und in 4 Portionen teilen.

2 Eine Auflaufform einfetten und die Rotbarschfilets nebeneinander hineinlegen, mit Zitronensaft beträufeln, salzen und pfeffern.

3 Den Backofen auf 200°C (Umluft 180°C, Gas Stufe 3) vorheizen.

4 Für die Sauce die Crème fraîche mit dem Senf und dem Fischfond in einem kleinen Topf gut verrühren. Das Stärkemehl in etwas Wasser auflösen und zufügen. Alles aufkochen und kurz köcheln lassen. Mit Salz, Pfeffer und Zitronensaft würzen.

5 Die Kresse unter fließendem Wasser abbrausen und die Hälfte der Blättchen in die Sauce geben. Die Sauce über den Fischfilets verteilen.

6 Die Auflaufform in die Mitte des Backofens stellen und den Fisch in 20 Minuten garen.

7 Die Form aus dem Ofen nehmen und die restliche Kresse direkt darüber abschneiden. Gleich in der Form servieren.

Beilage: Reis und Spinatsalat. Dafür aus 2 EL Sherryessig, Salz, Pfeffer und 3 EL Öl eine Marinade anrühren, das Weiße von 2 Frühlingszwiebeln, in ganz feine Ringe geschnitten, und 80 g frischen Spinat darin wenden.

Getränkeempfehlung: leichter Rosé, z. B. Württemberger Schiller

Für 4 Personen

Zubereitungszeit: 25 Minuten

Pro Portion: 190 kcal, 28 g Eiweiß, 9 g Fett, 0 g Kohlenhydrate

Thunfischkoteletts mit Kapern

4 **Thunfischkoteletts** (à 250 g)

3 **EL Olivenöl**

Saft von $^1/_2$ **Zitrone**

Salz

schwarzer Pfeffer aus der Mühle

$^1/_2$ **TL** gemahlener **Koriander**

3 **EL** möglichst kleine **Kapern** (nonpareilles)

1 Die Thunfischkoteletts waschen, trocken tupfen und nebeneinander auf eine Arbeitsfläche legen.

2 Die Hälfte des Olivenöls mit dem Zitronensaft gut verrühren. Die Thunfischscheiben damit einpinseln, salzen, pfeffern und mit Koriander würzen. Zugedeckt 10 Minuten ziehen lassen.

3 Das restliche Olivenöl in einer großen Pfanne erhitzen und die Fischkoteletts nebeneinander hineinlegen und auf jeder Seite 4 – 5 Minuten braten. Herausnehmen und zugedeckt warm stellen.

4 Die Kapern im verbliebenen Bratfett 3 Minuten erhitzen. Die Thunfischscheiben mit den Kapern bestreuen und auf vorgewärmten Tellern servieren.

Beilage: Baked potatoes mit Kräutersauerrahm oder Baguette

Getränkeempfehlung: Bier oder trockener Weißwein, z. B. Frascati

tipp

Es schmeckt auch sehr gut, wenn Sie die Kapern durch grünen Pfeffer ersetzen. Auf diese Weise können Sie auch andere Fischkoteletts zubereiten.

Für 4 Personen

Zubereitungszeit: 25 Minuten

Pro Portion: 190 kcal, 11 g Eiweiß, 13 g Fett, 2 g Kohlenhydrate

Jakobsmuscheln in Kerbel-Mascarpone

2 EL Butter

2 Schalotten, fein gehackt

80 g Kerbel

Salz

weißer Pfeffer aus der Mühle

¹/₈ l (125 ml) trockener Weißwein

100 g Mascarpone

500 g Jakobsmuscheln

Zitronensaft

1 Die Butter in einer Kasserolle erhitzen und die Schalottenwürfel darin weich dünsten.

2 Den Kerbel abbrausen, von den Stielen befreien und, bis auf einige Blättchen zum Garnieren, zu den Schalotten geben und zusammenfallen lassen. Mit Salz und Pfeffer leicht würzen und mit dem Weißwein aufgießen. Das Ganze einmal aufkochen lassen.

3 Mascarpone unterrühren und erhitzen. Alles im Mixer oder mit dem Pürierstab fein zerkleinern und mit Zitronensaft abrunden.

4 Die Jakobsmuscheln unter fließend kaltem Wasser kurz abspülen. Falls vorhanden, die roten Teile (man nennt sie Corail) abtrennen. Die Jakobsmuscheln in der Kerbelsauce, je nach Größe, in 3 – 5 Minuten gar ziehen lassen. Die Corail kurz vor Garzeitende zufügen. Die restlichen Kerbelblättchen darüber streuen.

Beilage: Reis

Getränkeempfehlung: trockener Rieslingsekt oder Champagner

Kerbel und Schalotten mit Weißwein aufgießen und aufkochen lassen.

Mascarpone unter die Masse rühren und alles fein pürieren.

Die orangefarbenen Teile, Corail genannt, von den Jakobsmuscheln abtrennen.

Vor dem Servieren Kerbelblätter über das Gericht streuen.

Für 4 Personen

Zubereitungszeit: 25 Minuten

Pro Portion: 280 kcal, 30 g Eiweiß, 11 g Fett, 8 g Kohlenhydrate

Calamari mit Zuckerschoten aus dem Wok

600 g küchenfertige Tintenfische (Calamari), in feine Ringe geschnitten

6 EL Sojasauce

1 TL Ingwerwurzel, fein gehackt

300 g Zuckerschoten

150 g Sojasprossen

3 EL Erdnussöl

3 Knoblauchzehen

6 cl (60 ml) trockener Sherry (Fino)

schwarzer Pfeffer aus der Mühle

1 EL Sesam

1 Die Tintenfische kalt abspülen und in sehr schmale Ringe schneiden. In eine Schüssel legen und mit der Sojasauce übergießen. Mit dem gehackten Ingwer bestreuen.

2 Die Zuckerschoten waschen, an den Enden abknipsen und schräg in Streifen schneiden oder ganz lassen. Die Sojasprossen abbrausen und abtropfen lassen.

3 Das Erdnussöl im Wok oder einer großen Pfanne erhitzen. Die Tintenfischringe darin portionsweise 5 Minuten kräftig braten. Herausnehmen und zugedeckt warm stellen.

4 Die Zuckerschoten und die Sojasprossen im verbliebenen Bratfett 8 Minuten dünsten. Den Knoblauch schälen und dazudrücken. Mit dem Sherry beträufeln und die verwendete Sojasauce dazugießen.

5 Die Tintenfischringe untermischen, salzen, pfeffern und den Sesam einstreuen. Alles noch 2 Minuten garen.

Beilage: Basmatireis und Chinakohlsalat

Tintenfischkörper in schmale Ringe schneiden.

Tintenfischringe mit Sojasauce übergießen und gehackten Ingwer darüber streuen.

Blütenansätze und Enden der Zuckerschoten abschneiden.

Die Tintenfischringe portionsweise 5 Minuten kräftig braten.

Fischtopf mit Gemüse und Safran

2 EL Butter

1 mittelgroße **Zwiebel,** fein gehackt

200 g Möhren, in Scheiben geschnitten

2 mittelgroße **Porreestangen,** in Stücke geschnitten

5 Stangen Staudensellerie, in Scheiben geschnitten

1 Döschen Safran, gemahlen

$^{1}/_{4}$ l (250 ml) trockener **Weißwein**

$^{3}/_{4}$ l (750 ml) **Fischfond** (aus dem Glas)

Salz

weißer Pfeffer aus der Mühle

Saft von $^{1}/_{2}$ **Zitrone**

600 g Fischfilet (z. B. Kabeljau, Goldbarsch, Dorsch oder andere Sorten)

150 g Krabben, ohne Schale

1 Die Butter in einem großen Topf erhitzen und die Zwiebelwürfel darin bei schwacher Hitze dünsten.

2 Die Möhren schälen, waschen und direkt über dem Topf auf dem Gemüsehobel in dünne Scheiben schneiden, kurz mit den Zwiebelwürfeln dünsten.

3 Den Porree putzen, aufschlitzen, gründlich ausspülen und schräg in 1 cm lange Stücke schneiden.

4 Den Staudensellerie waschen und in schmale Scheiben schneiden, falls Blätter dran sind, grob hacken. Alles mit dem Porree in den Topf geben und kurz andünsten.

5 Den Safran über das Gemüse streuen, kurz anschwitzen und mit dem Weißwein ablöschen. Mit dem Fischfond aufgießen und mit Salz, Pfeffer und etwas Zitronensaft würzen. Zugedeckt 15 Minuten bei mittlerer Hitze köcheln lassen.

6 Den Fisch waschen, trocken tupfen und dann in mundgerechte Würfel schneiden. Mit Zitronensaft beträufeln, salzen und pfeffern. Zusammen mit den Krabben in den Topf geben und bei schwacher Hitze in 5 Minuten gar ziehen lassen. Den Fischtopf abschmecken.

tipp

Anstelle des Fischfonds können Sie auch Gemüsebrühe verwenden und den Safran durch Curry ersetzen.

Suppe und Eintopf

Für 4 Personen

Zubereitungszeit: 25 Minuten

Pro Portion: 690 kcal, 64 g Eiweiß, 25 g Fett, 42 g Kohlenhydrate

Hühnereintopf mit Reis

3 halbe Grillhähnchen, fertig gegrillt, klein geschnitten

1 mittelgroße **Zwiebel,** fein gehackt

2 EL Butter

1 Knoblauchzehe

3 Zucchini (ca. 220 g), in Scheiben geschnitten

200 g Kurzzeitreis

1 l Hühnerbrühe (aus Extrakt)

Salz

weißer Pfeffer aus der Mühle

Saft ¹/₂ Zitrone

1 Prise Muskat, frisch gerieben

1 Bund Basilikum

1 Die Grillhähnchen häuten, das Fleisch von den Knochen lösen und klein schneiden.

2 Die Zwiebel in heißer Butter in einem großen Topf glasig dünsten. Die Knoblauchzehe dazupressen.

3 Die Zucchini waschen, vom Stengelansatz befreien und auf dem Gemüsehobel in feine Scheiben hobeln, zufügen und kurz mitdünsten. Das Hähnchenfleisch untermischen.

4 Den Reis einstreuen, durchrühren und mit der Hühnerbrühe aufgießen, aufkochen und fünf Minuten köcheln lassen. Mit Salz, Pfeffer, Zitronensaft und Muskat würzen.

5 Zum Schluss die abgezupften Basilikumblättchen einstreuen.

Getränkeempfehlung: Apfelschorle oder gespritzter Apfelwein

Für 4 Personen

Zubereitungszeit: 25 Minuten

Pro Portion: 230 kcal, 33 g Eiweiß, 3 g Fett, 18 g Kohlenhydrate

Glasnudelsuppe mit Hühnerbrust

100 g Glasnudeln

1 l Hühnerbrühe (aus Extrakt)

1 Bund Zitronenmelisse

4 Hühnerbrustfilets,
in Streifen geschnitten

Salz

weißer Pfeffer aus der Mühle

100 g Champignons,
in Scheiben geschnitten

1 Knoblauchzehe

Saft von ½ Zitrone

1 Die Glasnudeln mit kochendem Wasser überbrühen und 10 Minuten ziehen lassen.

2 Die Hühnerbrühe in einem Suppentopf langsam aufkochen.

3 Die Zitronenmelisse abbrausen, dann trocken tupfen und 2 Zweige beiseite legen. Den Rest in der Hühnerbrühe 10 Minuten ziehen lassen.

4 Die Hühnerbrustfilets quer zur Faser in Streifen schneiden und rundum salzen und pfeffern. Die Champignons putzen, abbrausen und in schmale Streifen oder Scheiben schneiden.

5 Die Glasnudeln in ein Sieb schütten, abtropfen lassen und im Sieb mit einer Küchenschere zerschneiden.

6 Die Zitronenmelisse aus der Hühnerbrühe nehmen und wegwerfen. Die Glasnudeln, die Hühnerbruststreifen und die Champignons in die Suppe geben. Alles 10 Minuten ziehen lassen.

7 Den Knoblauch schälen und dazupressen. Den Zitronensaft zufügen und die Suppe mit Salz und Pfeffer dezent würzen. Die restlichen Zitronenmelisseblättchen abzupfen und vor dem Servieren in die Suppe streuen.

Glasnudeln in einen Topf geben und mit kochendem Wasser übergießen.

Nach 10 Minuten das Wasser abgießen und die Glasnudeln klein schneiden.

Für 4 Personen

Zubereitungszeit: 25 Minuten

Pro Portion: 225 kcal, 8 g Eiweiß, 19 g Fett, 7 g Kohlenhydrate

Broccolicremesuppe mit Pinienkernen

600 g Broccoli, grob zerkleinert

1 EL Butter

1 mittelgroße **Zwiebel,** fein gehackt

2 Knoblauchzehen

³/₄ l (750 ml) Fleischbrühe (aus Extrakt)

200 g Sahne

Salz

schwarzer Pfeffer aus der Mühle

1 TL frischer oder ¹/₂ TL getrockneter Oregano

3 EL Pinienkerne, geröstet

1 Den Broccoli waschen und grob zerschneiden. Einige schöne kleine Röschen beiseite legen.

2 Die Butter in einem Suppentopf erhitzen, den Broccoli und die Zwiebelwürfel darin 5 Minuten dünsten.

3 Den Knoblauch schälen und dazudrücken. Die Fleischbrühe und die Sahne dazugießen und aufkochen. Zugedeckt 15 Minuten köcheln lassen.

4 Die Suppe im Mixer oder mit einem Stabmixer fein pürieren und mit Salz, Pfeffer und Oregano würzen.

5 Die Pinienkerne in der Pfanne ohne Fett goldbraun rösten.

6 Die zurückbehaltenen Broccoliröschen in die Suppe geben. Die Suppe in Tassen oder Teller füllen und mit den Pinienkernen bestreuen.

Beilage: Baguette oder helle Brötchen

tipp

Den Broccoli können Sie durch Blumenkohl oder Romanesco ersetzen und die Pinienkerne durch Sesam.

Fenchelsuppe mit Schinkenstreifen

600 g Fenchel,
in Streifen geschnitten

2 EL Butter

1 TL Fenchelsamen (Fencheltee)

1 l Gemüsebrühe (aus Extrakt)

Salz

weißer Pfeffer aus der Mühle

Saft von ¹/₂ Zitrone

250 g dickeren Scheiben
gekochter Schinken,
in Streifen geschnitten

1 Den Fenchel waschen, das Fenchelgrün abschneiden und beiseite legen. Die Fenchelknollen längs halbieren, in Streifen schneiden.

2 Die Butter in einem Topf erhitzen und den Fenchelsamen kurz anrösten. Den Fenchel zufügen, kurz dünsten und mit der Gemüsebrühe aufgießen. Aufkochen, 15 Minuten köcheln lassen und mit Salz, Pfeffer und Zitronensaft würzen.

3 Den gekochten Schinken in schmale Streifen schneiden. In die Suppe geben.

4 Das Fenchelgrün fein hacken und vor dem Servieren einstreuen.

Beilage: Bauernbrot oder Baguettebrötchen

Getränkeempfehlung: Buttermilch oder Kefir

Für 4 Personen

Zubereitungszeit: 30 Minuten

Pro Portion: 160 kcal, 4 g Eiweiß, 6 g Fett, 18 g Kohlenhydrate

Brezensuppe

2 mittelgroße **Zwiebeln**

2 EL Schweineschmalz

2 Laugenbrezen,
möglichst vom Vortag

$1/8$ l (125 ml) Bier

$3/4$ l (750 ml) Fleischbrühe
(aus Extrakt)

Salz

schwarzer Pfeffer aus der Mühle

frisch geriebene **Muskatnuss**

1 Bund Schnittlauch,
fein gehackt

1 Die Zwiebeln schälen. Eine Zwiebel fein hacken und in einem Suppentopf in 1 EL Schweineschmalz andünsten.

2 Die Laugenbrezen in ca. $1/2$ cm breiten Scheiben schneiden. In den Topf geben und kurz mit den Zwiebeln braten.

3 Mit dem Bier und der Fleischbrühe aufgießen. Zugedeckt 15 Minuten köcheln lassen.

4 Inzwischen die zweite Zwiebel in schmale Ringe schneiden (am besten auf dem Gurkenhobel). Die Zwiebelringe im restlichen Schweineschmalz unter Rühren braun abraten.

5 Die Suppe mit Salz, Pfeffer und Muskat kräftig abschmecken und die abgeschmolzenen Zwiebeln hinein geben. Zugedeckt 5 Minuten ziehen lassen.

6 Vor dem Servieren den Schnittlauch in die Brezensuppe streuen.

Zuerst Zwiebeln in Schweineschmalz andünsten, dann die Brezenscheiben dazugeben.

Das Bier und die Fleischbrühe auf die Laugenbrezenscheiben gießen.

Die geschälte Zwiebel mit einem Gurkenhobel in feine Ringe schneiden.

Zwiebelringe in Butterschmalz unter ständigem Rühren braun anbraten.

Für 4 Personen

Zubereitungszeit: 30 Minuten

Pro Portion: 230 kcal, 13 g Eiweiß, 8 g Fett, 27 g Kohlenhydrate

Linsensuppe mit Curry und Sesam

2 EL Sesamöl

1 kleine Zwiebel, fein gehackt

2 Knoblauchzehen

$^1/_2$ cm Ingwerwurzel, in Scheiben geschnitten

1 EL Sesam

2 EL Curry

200 g rote Linsen (aus dem Naturkostladen oder dem Reformhaus)

$^3/_4$ l (750 ml) Gemüsebrühe (aus Extrakt)

Salz

schwarzer Pfeffer aus der Mühle

Zitronensaft

1 Bund glatte Petersilie

1 Das Sesamöl in einem Topf erhitzen und die Zwiebelwürfel darin andünsten. Den Knoblauch schälen und dazupressen.

2 Die Ingwerwurzel schälen, in dünne Scheiben schneiden und mit dem Sesam zufügen. Alles mit Curry bestäuben und kurz anschwitzen. Die Linsen einstreuen.

3 Mit der Gemüsebrühe aufgießen. Langsam aufkochen lassen und zugedeckt bei schwacher Hitze 20 Minuten köcheln lassen.

4 Die Suppe mit Salz, Pfeffer und Zitronensaft abschmecken.

5 Die Petersilie abbrausen, trocken tupfen, abzupfen und mittelfein hacken. Kurz vor dem Servieren in die Suppe streuen.

Beilage: Reis

tipp

Sie können die Suppe auch pürieren und mit Crème fraîche servieren. Wenn Sie den Ingwer fein reiben, gibt er noch mehr Aroma ab.

Lammtopf mit Tomaten und Zucchini

600 g Lammschulter,
in Würfel geschnitten

2 EL Olivenöl

Salz

1 EL Curry

1 große Zwiebel, fein gehackt

$1/4$ l (250 ml) Fleischbrühe
(aus Extrakt)

**1 große Dose geschälte Tomaten
(850 g)**

350 g Zucchini,
in Scheiben geschnitten

3 Knoblauchzehen

schwarzer Pfeffer aus der Mühle

$1/2$ TL Kreuzkümmel

1 Zweig Thymian

1 Das Fleisch waschen, trocken tupfen und in 1 cm große Würfel schneiden.

2 Das Olivenöl in einem Topf erhitzen und das Fleisch portionsweise sehr kräftig anbraten. Salzen und mit Curry bestäuben.

3 Die Zwiebelwürfel untermischen, mit Brühe aufgießen und die Tomaten samt Saft zufügen. Aufkochen und 25 Minuten bei mittlerer Hitze garen.

4 Inzwischen die Zucchini waschen, vom Stengelansatz befreien und in feine Scheiben schneiden.

5 Den Knoblauch schälen und mit der Knoblauchpresse in den Eintopf drücken. Mit Salz, Pfeffer und Kreuzkümmel würzen, Thymian zufügen.

6 Die Zucchinischeiben 8 Minuten vor Garzeitende untermischen. Abschmecken, falls nötig, nachwürzen.

Beilage: Baguette oder Landbrot

*Noch gehaltvoller wird der Eintopf, wenn Sie Kartoffelwürfel
oder Reis mitgaren.*

Für 4 Personen

Zubereitungszeit: 30 Minuten

Pro Portion: 400 kcal, 26 g Eiweiß, 24 g Fett, 20 g Kohlenhydrate

Laucheintopf mit Kassler

500 g Kartoffeln,
in Würfel geschnitten

500 g Porree,
in Ringe geschnitten

2 EL Öl

1 l Fleischbrühe (aus Extrakt)

**400 g Kassler ohne Knochen
(gekocht),** in Würfel geschnitten

1 TL Majoran, gerebelt

Salz

schwarzer Pfeffer aus der Mühle

1 EL Rotweinessig

1   Die Kartoffeln schälen, waschen und in 1 cm große Würfel schneiden.

2   Den Porree putzen, längs aufschlitzen, gründlich ausspülen und in $1/2$ cm dicke Ringe schneiden.

3   Das Öl in einem Topf erhitzen. Kartoffelwürfel und Porreeringe kurz darin andünsten. Mit der Fleischbrühe aufgießen und aufkochen. Zugedeckt 10 Minuten köcheln lassen.

4   Inzwischen das Kassler auch in 1 cm große Würfel schneiden und unter das Gemüse mischen.

5   Den Eintopf mit Majoran, Salz und Pfeffer würzen und weitere 10 Minuten köcheln lassen. Zum Schluss mit dem Rotweinessig abschmecken.

tipp

*Anstelle von Kassler schmeckt auch Räucherwurst sehr gut
in diesem Eintopf.*

Für 4 Personen

Zubereitungszeit: 30 Minuten

Pro Portion: 440 kcal, 29 g Eiweiß, 8 g Fett, 63 g Kohlenhydrate

Scharfe Bohnensuppe mit Zucchini

2 EL Olivenöl

1 große **Zwiebel,** gehackt

800 g Kidney-Bohnen
aus der Dose

3 EL Tomatenmark

¹/₂ TL Chiligewürz

Salz

schwarzer Pfeffer aus der Mühle

1 Msp. Cayennepfeffer

³/₄ l (750 ml) Fleischbrühe
(aus Extrakt)

250 g kleine **Zucchini**

1 Die Bohnen in ein Sieb geben und abtropfen lassen.

2 Das Olivenöl in einem Suppentopf erhitzen, die Zwiebelwürfel zufügen und bei schwacher Hitze glasig dünsten.

3 Das Tomatenmark unter die Zwiebeln rühren und kurz
anschwitzen lassen. Dann die Bohnen hinzufügen.
Mit Chili, Salz, Pfeffer und Cayennepfeffer würzen.

4 Mit der Fleischbrühe aufgießen und langsam zum Kochen
bringen.

5 Die Zucchini waschen, putzen und grob raspeln, unter
die Bohnen mischen und alles weitere 10 Minuten köcheln
lassen.

6 Die Bohnensuppe vor dem Servieren noch einmal abschmecken.

Beilage: Baguette

**Getränkeempfehlung: kräftiger Rotwein, z. B. Landwein
oder Burgunder**

Rezepte für schnelle Saucen

Indische Zwiebelsauce

1 Gemüsezwiebel à 200 g, gewürfelt
1 Knoblauchzehe, gewürfelt
2 EL Sesamöl
1 Banane, gewürfelt
1 TL mildes Currypulver
1 TL frisch geraspelter Ingwer
Cayennepfeffer
gemahlener Zimt
weißer Pfeffer aus der Mühle / Salz
1/4 l (250 ml) Hühnerbrühe
2 EL Magerjoghurt

passt zu: Reis, gebratenem Fleisch, gebratenem Fisch

1 Zwiebel- und Knoblauchwürfel im heißen Öl glasig dünsten. Die Bananenwürfel zugeben, die Gewürze hinzufügen, salzen und mit der Brühe aufgießen.

2 Bei mittlerer Hitze 5 Minuten sämig kochen, nach Belieben pürieren. Den Joghurt unterrühren.

Kalte Knoblauch-Kräuter Sauce

4 Knoblauchzehen
1 Bund gemischte frische Kräuter
(Schnittlauch, Petersilie, Dill, Basilikum, Kerbel, Sauerampfer)
Blättchen von 1 Zweig Thymian
Blättchen von 1 Zweig Oregano
250 g griechischer Joghurt
3 EL Olivenöl
Salz
schwarzer Pfeffer aus der Mühle
Muskatnuss
1 EL Weißweinessig
3 EL Semmelbrösel

passt zu: gekochtem Fleisch, Geflügel, gekochten Eiern, Pellkartoffeln und als Dipp zu rohem Gemüse

1 Knoblauch, Kräuter, Joghurt und Olivenöl mit dem Mixer fein pürieren.

2 Das Püree mit Salz, Pfeffer, Muskat und Essig kräftig abschmecken. Die Semmelbrösel untermischen und die Sauce 5 Minuten ziehen lassen.

3 Vor dem Servieren kalt stellen.

Bechamelsauce aus der Mikrowelle

30 g Butter
30 g Mehl
1/2 l (500 ml) Milch
Salz
weißer Pfeffer aus der Mühle
Muskatnuss, frisch gerieben
einige Tropfen Zitronensaft

passt zu: Gemüse, Eiern, Gratins

1 Die Butter in eine Mikrowellenschüssel geben und 1 Minute bei 600 Watt schmelzen lassen.

2 Das Mehl unterrühren und in 1 Minute bei 600 Watt aufschäumen lassen. Unter Rühren die Milch zugeben, dann offen 4–5 Minuten bei 600 Watt kochen lassen, dabei ab und zu kräftig durchrühren. Mit Salz, Pfeffer, Muskat und Zitrone abschmecken.

Senfsauce

1 EL Butter
1 mittelgroße Zwiebel, fein gewürfelt
4 EL Senf
1/4 l (250 ml) trockener Weißwein
200 g Crème fraîche
Salz
weißer Pfeffer aus der Mühle
1 Prise Zucker
Zitronensaft

passt zu: gedünstetem und gebratenem Fisch, Steaks, Bratwurst, verlorenen Eiern

1 Die Butter im Topf erhitzen und die Zwiebelwürfel darin glasig dünsten. Den Senf unterrühren, mit dem Weißwein ablöschen. Im offenen Topf bei mittlerer Hitze auf fast die Hälfte einköcheln lassen.

2 Dann die Crème fraîche unterrühren, die Sauce aufkochen und mit Salz, Pfeffer, Zucker und Zitronensaft abschmecken.

Mangosauce aus der Mikrowelle

1 reife Mango, Fruchtfleisch klein geschnitten
2 Schalotten, fein gehackt
2 EL Öl
1/2 TL frisch geriebener Ingwer
1 Msp. gehackte Korianderkörner
1 TL mildes Currypulver
1 Stückchen Chilischote
1 TL Honig
Salz
schwarzer Pfeffer aus der Mühle
2 EL Sojasauce
2 cl (20 ml) Sherry medium
Saft von 1/2 Orange

passt zu: Reis, gegrilltem Fleisch, gegrilltem Fisch

1 Mango- und Schalottenwürfel mit den übrigen Zutaten in die Mikrowellenschüssel geben und bei 600 Watt 8–10 Minuten zugedeckt kochen lassen, dabei einmal umrühren.

2 Die Chilischote vor dem Servieren entfernen.

Grüne Sauce

2 Schalotten, fein gehackt
1 Knoblauchzehe, fein gehackt
1 große Essiggurke, fein gewürfelt
1 hart gekochtes Ei, fein gewürfelt
1 Bund gemischte frische Kräuter (z. B. Petersilie, Schnittlauch, Kerbel, Basilikum, Estragon, Sauerampfer), fein gehackt
1 TL Dijonsenf
1 EL Estragonessig
200 g Magerjoghurt
2 EL Crème fraîche
Salz / weißer Pfeffer aus der Mühle

passt zu: gekochtem Rindfleisch, Roastbeef, gekochten Kartoffeln

1 Schalotten, Knoblauch, Gurke und Ei in einer Schüssel vermischen, Kräuter, Senf und Essig hinzufügen.

2 Joghurt und Crème fraîche unterrühren, mit Salz und Pfeffer würzig abschmecken.

Pflaumensauce

2 EL Sesamöl
1 mittelgroße Zwiebel, fein gehackt
150 g Trockenpflaumen, entsteint, grob zerkleinert
1 TL fein gehackter Ingwer
Salz
schwarzer Pfeffer aus der Mühle
1 TL Sojasauce
2 EL Zitronensaft
1/4 l (250 ml) trockener Rotwein
1 gehäufter TL Stärkemehl

passt zu: Steaks, Koteletts, Wild, Geflügel

1 Das Öl in einem kleinen Topf erhitzen, die Zwiebelwürfel darin glasig dünsten. Die Pflaumenstückchen hinzugeben, mit Ingwer, Salz und Pfeffer würzen. Sojasauce und Zitronensaft unterrühren.

2 Das Stärkemehl mit dem Rotwein verrühren und in den Topf geben. Langsam aufkochen lassen und 3 Minuten köcheln lassen, bis die Sauce sämig wird. Vor dem Servieren nochmals abschmecken.

Spanische Knoblauchsauce

4 Knoblauchzehen
1 Eigelb
1/4 TL Salz
1 EL Zitronensaft
0,2 l (200 ml) Olivenöl

passt zu: Brot, Fisch, Fleisch, gekochtem Gemüse

1 Die Knoblauchzehen im Mixer pürieren.

2 Eigelb, Salz und Zitronensaft hinzufügen und alle Zutaten mischen. Bei laufendem Mixer das Olivenöl langsam zugießen.

3 Die fertige Mayonnaise soll dick und gebunden sein.

Rezeptregister nach Kapiteln

Alphabetisches Rezeptregister

Impressum

ISBN: 978-3-8094-2550-2

© 2009 by Bassermann Verlag, einem Unternehmen der Verlagsgruppe Random House GmbH, 81673 München

Umschlaggestaltung und Layout: Studio Schübel Werbeagentur GmbH, München
Rezeptfotos: Bassermann Verlag, München: 15, 21, 27, 91, 97, 105, 107, 109, 111, 119, 127, 129 (Karl Newedel); Mosaik Verlag, München: 11, 23, 25, 79 (Eising), 13, 14/1–3, 17, 18/1–4, 19, 33, 35, 37, 39, 41, 43, 45, 47, 55, 57, 59, 63, 64/1–4, 65, 67, 71, 73, 75, 77, 81, 83, 84/1–4, 85, 87, 89, 93, 95, 103, 110/1–4, 112/1–4, 113, 115, 120/1–2, 121, 123, 125, 126/1–4, 131, 133, 135 (Brauner), 31 (Teubner), 51 (Kerth), 53, 61 (Seiffe); Südwest Verlag, München: 99 (Seiffe)
Bildredaktion: Elisabeth Franz
Redaktion: Anja Halveland

Satz: Filmsatz Schröter, München
Reproduktion: Artilitho, Lavis (Trento)
Druck: Mohn Media Mohndruck GmbH, Gütersloh

Printed in Germany

FSC
Mix
Produktgruppe aus vorbildlich bewirtschafteten Wäldern und anderen kontrollierten Herkünften
Zert.-Nr. SGS-COC-1425
www.fsc.org
© 1996 Forest Stewardship Council

Verlagsgruppe Random House FSC-DEU-0100
Das für diesen Titel verwendete FSC-zertifizierte Papier *Profisilk* wurde produziert von Sappi Alfeld und geliefert durch die IGEPA.

817 2635 4453 6271